U0145416

經典哲學名著導讀
012

洛克與《政府論》

Routledge Philosophy Guidebook to Locke on Government

D. A. 洛伊德・湯瑪斯（David Lloyd Thomas）◎著
黃煜文◎譯

序

本書的讀者主要是針對公共行政系、政治系與哲學系學習政治理論史的學生。從嚴肅的哲學觀點切入，將約翰．洛克（John Locke）的《政府論第二篇》（*Second Treatise of Government*）介紹給大學部與剛進研究所的學生。此外，盼望也能引起授課教授的興趣。本書採取的寫作方式，旨在讓首次閱讀洛克作品的讀者容易理解，其中當然也包括對洛克有興趣的一般大衆。過去數十年來，研究《政府論第二篇》的作品可說是汗牛充棟，雖然優秀與具影響力的作品甚多，但絕大多數採取「歷史」或「觀念史」的研究途徑。在這些作品中，與我的哲學取徑風格最接近的是約翰．西蒙斯（A. John Simmons）最近兩部傑出的洛克研究——《洛克的權利理論》（*The Lockean Theory of Rights*, 1992）與《論瀕臨無政府的狀態》（*On the Edge of Anarchy*, 1993）。不過，與這兩本書相比，我的作品顯然更爲輕薄短小；此外，想當然耳，我所採取的詮釋也在許多方面與約翰．西蒙斯不同。

研究洛克政治作品的學者，對於洛克在許多議題上所採取的立場，存在著不同的看法。之所以如此，並不是因爲洛克語焉不詳或自相矛盾。《政府論第二篇》原本是用來進行政治說服的書籍，而不是學術作品。有時洛克對於爭議性的問題會採取模稜兩可的立場，以避免惹惱可能的盟友。本書提出的詮釋具有一定的合理性，而且有文本可茲佐證。然而，這不表示這些詮釋已經被公認爲是正確的詮釋。我可以設法找出各種依據來支持我的觀點，並且駁斥別人的觀點；然而，如果這麼做，本書的篇幅可能得擴充好幾倍。同樣的，我也會避免對其他觀點多做介紹。本書在寫作時，考量到學生課外通常沒有閒暇進行太多閱讀，因此希望在有限的時間內，讓學生能快速地吸收一些知識。

本書所屬的系列叢書，其編寫的主要目是作爲著名哲學作品的指南，而非著名哲學家的手冊。因此，本書討論的重點幾乎完全集中在《政府論第二篇》，對於《政府論第一篇》鮮少提及。我認爲，《政府論第二篇》有些觀點或許在洛克其他作品中也能找到，但只有在《政府論第二篇》才獲得比較充分的說明。然而，在本書中我不打算詳細證明這點。洛克的《政府論》（*Two Treatises of Government*）其實是一部相對獨立的作品，不需要仰賴其他作品就能存在；《政府論》甚至可以與洛克談論寬容的作品分別出來各自討論。洛克撰寫《政府論》時，因爲不願意讓人知道他是作者，因此，在作品中很少提及自己其他的著作（也就是以他自己姓名發表的其他作品）。洛克的《政府論》與《人類悟性論》（*Essay Concerning Human Understanding*）之間的關聯性，有關這方面研究的豐富成果，可以參閱露絲・格蘭特（Ruth Grant）的《約翰・洛克的自由主義》（*John Locke's Liberalism*, 1987）第一章。

本書提到洛克《政府論》時，會在I或II後面加上小節數。因此，II.27指《政府論第二篇》第二十七節。在註出引文時，例如《政府論第二篇》的本文，在引用後會註出資料來源，如 *John Locke: Political Writings*，David Wootton 編輯與導言（Harmondsworth: Penguin, 1993）。引用的格式採取哈佛系統。本文只註出作者、出版日與頁碼。引用作品的完整詳細資訊則請參閱書目。因此，「Simmons 1993, 73」指 A. John Simmons, *On the Edge of Anarchy*, p. 73。

我要感謝這個叢書的編輯喬・沃爾夫（Jo Wolff）。整本書他至少讀過一遍，許多章節甚至讀了好幾遍。他提出許多細心、有益與改善的建議，但遺憾的是，只有一部分在本文中獲得採用。此外，他也指正我許多錯誤，而我只能在此用簡單一句話表達我的感謝。最早邀我爲這個系列叢書撰寫作品的就是喬。在我寫作這段期間，他很有耐心而且勤勉的處理我交給他的稿件，並且鼓勵我效法洛克立下的典範，努力以清教工作倫理來完成此書。

我也要感謝傑瑞・柯亨（Jerry Cohen），他不僅針對論叛亂一章的早期稿件提出詳盡批評，也鼓勵我在這方面多做闡述。柯亨給我的幫助不僅於此，他協助我弄清楚洛克其他面向的觀念，特別是財產權以及許多與政治哲學相關的問題。他的作品一直是我學習效法的對象。

本書的修改要感謝讀者 Routledge 的指正。其中有一處我知道是約翰・西蒙斯提供的意見，但另一則意見不知是誰提出的。無論如何，我很感謝西蒙斯與另一位讀者所提出的詳盡、細心與有益的建議，也感謝他們鼓勵支持這項計畫。如果時間許可，我很希望更徹底地依照他們的建議來修改本書。

我在倫敦大學授課、開設專題討論與擔任指導老師期間，與學生和同事進行的討論，激發了我不少觀念，事實上，有很多想法其實是源自於這些討論。在一所擁有許多優秀學生的大學教書，是一件幸運的事，這點無庸置疑。在倫敦大學的專題討論上與同事往復辯論刺激出許多靈感，值得一提的是，其中有不少專題討論是由喬・沃爾夫與比爾・哈特（Bill Hart）推動的；此外還有約翰・格雷（John Gray）與艾倫・萊恩（Alan Ryan）在哈佛大學舉辦的專題討論。約翰・彌爾頓（John Milton）引領我了解洛克學說眞正錯綜複雜的一面。我要感謝我服務的學系以及倫敦國王學院給我輪休的機會，讓我有充裕的時間完成本書。

我最感謝的是安・洛伊德・湯姆斯（Anne Lloyd Thomas），她從各方面協助我完成這項工作，而她對我的助益遠超過我的想像。

要討論洛克這麼一位卓越的學者，想做到完整，與其說要面面俱到，不如說要有所取捨。任何一部討論洛克的作品，一定會有著重與遺漏之處，我們要思考其中的意涵。我知道本書不可避免會比原先設想的來得不完整，但我希望它至少能提供一個合理可靠的依據，來呈現洛克政治理論的主要結構。洛克的理論值得我們重視，因爲它對當代世界的影響遠超過西方其他政治理論作品。

目錄

第一章　導論

《政府論第二篇》成書的時代背景

洛克《政府論第二篇》完成於三百多年前，當時的世界與今日有很大的差異。而這也產生了一個疑問，那就是我們該如何閱讀這本書？畢竟若閱讀當代政治哲學，比較不會有這種困擾。這個問題的解答可分成兩類，一個是歷史的，另一個是哲學的。前者認為我們應該嚴肅面對一項事實，那就是《政府論第二篇》所處的世界，無論在政治上還是思想上，都與現今的世界有很大的不同。我們應該試著了解《政府論第二篇》的觀念和論點與當時世界的關連，我們尤其要了解這本書與洛克身處的政治局勢有什麼關係。我們不應該假定從這本書裡發現的觀念與論點，與我們今日的政治關切有關或直接相關。我們的思想前提不同於洛克的思想前提，我們關心的政治議題也不是洛克關心的政治議題。因此，《政府論第二篇》不能當成當代政治哲學期刊上的文章來加以閱讀。

歷史取向最常見於觀念史家，如理查・艾什克拉夫特（Richard Ashcraft, 1986）與約翰・鄧恩（John Dunn, 1969）。與此相對，哲學取向——其代表學者如約翰・西蒙斯（Simmons, 1992 and 1993）——允許我們將洛克的作品從三百年前的時代背景中抽離出來，並檢視洛克對某些主題提出的論點，特別是那些至今仍令我們的政治哲學感興趣的主題：政治義務的來源、民主制度、政府權力的限制，以及什麼條件下發動革命在道德上是可接受的。由於我個人的哲學背景，因此傾向於哲學取向，但我並非全盤接受這種思考路徑：洛克的作品確實提出他那個時代特有的政治議題，而這些議題從形式而言確實與我們沒有太大關連。即使如此，洛克思索的政治議題與我們今日關切的議題之間，依然存在充分而普遍的類似點，因此他的觀念與論點仍與我們有關。事實上，這正解釋了我們爲什麼依然在政治理論與政治哲學的課堂上講授《政府論第二篇》，以及爲什麼不只是研究十七世紀晚期英格蘭政治觀念的學生才關心洛克的作品。

本書接下來關注的重點是：洛克提出的立場是否眞實，或在論理上是可辯護的。洛克的論點將被認眞的當成論點來看待：本書將留意他的論點是否言之成理。並且以《政府論第二篇》提出的精神來檢視《政府論第二篇》本身；也就是說，本書將提出理由說明爲什麼我們應該相信我們每個人在政治領域都有應盡的本分。《政府論第二篇》不該只被當成是某種政治「意識形態」的類型，也不該一直局限在某個特定歷史脈絡中。

然而，這不表示我們無法從了解洛克寫作當時的政治情勢，來看出文本與外在脈絡的關聯。有時，我會評論他的理論與當時政治情勢的關係。事實上，了解《政府論第二篇》的寫作背景之後，可以證明我對文本的詮釋是對的；《政府論第二篇》主要（雖並未明白指出）在於顯示，民衆對政府發動全面性的武裝叛亂，在道德上是站得住腳的。

因此，簡要陳述《政府論》的歷史背景是適當的。《政府論》出版於一六八九年，就在「光榮革命」後不久，這場革命罷黜了詹姆斯二世，改立威廉與瑪麗。然而，《政府論》實際的成書時間或許稍早一點，是於一六八〇年代初在夏夫茨伯里伯爵（Earl of Shaftesbury）家中完成的，當時洛克擔任伯爵的私人祕書與「智囊」。夏夫茨伯里伯爵原是查理二世（Charles II）政府的重臣，不過到了一六八〇年初，他與國王出現齟齬而退出權力核心。國王對於天主教徒的政策，對於法國的態度，特別是對於國會的厭惡以及本身的絕對主義傾向，都與伯爵格格不入。

《政府論》予人一種革命後才成書的印象，主要是因爲其中有幾個段落是在出版前不久才增補進去的。其中一段是序言，洛克稱威廉國王爲「偉大的復辟者」，並且提到《政府論第一篇》（反駁羅伯特・費爾莫爵士〔Sir Robert Filmer〕的保王言論）的後半部已經亡佚。奇怪的是，洛克理應補充《政府論第一篇》遺漏的部分，再交給出版社。或許因爲當時洛克正趕著將《政府論》出版，好讓這本書趕上光榮革命的熱潮。一六八九年另一個明顯補充是《政府論第二篇》的第二二三節，該節明確提到詹姆斯二世被推翻前不久曾試圖推行的政策。

一六八〇年代初，夏夫茨伯里是反對派輝格黨的領導人物。輝格黨企圖在國會通過王位排除法案（Exclusion Bill）阻止信仰天主教的約克公爵（即日後的詹姆斯二世）繼承王位。他們的嘗試失敗了。查理二世解散國會，夏夫茨伯里於是從在國會中進行抵制轉變爲公然叛亂。洛克的任務就是爲激進的輝格派政策進行辯護，希望藉此獲得受過教育、財力中等以上的輝格派成員支持，化解疑慮，願意全力支持革命。然而在事件中，洛克爲了個人安全不得不在一六八三年流亡荷蘭，《政府論》因此直到一六八九年才得以出版。所以，《政府論第二篇》並未如洛克原先所想的成爲說服民眾革命的利器，反而是在「事後」爲一六八八年的革命提供正當化的依據。

目前，無論是左派還是右派，似乎都勉爲其難的接受這項現實，那就是無論在理論還是實踐上，英語世界最具影響力的政治哲學家，是一名投入革命長達十年的革命者。對馬克思主義者與左派來說，他們很難接受洛克一方面是貨眞價實的革命分子，另一方面又公開支持有產者與自身的資產階級形象。但平心而論，與近幾十年來絕大多數的西方左翼知識分子相比，洛克比他們更像眞正的革命者。對右派來說，他們把英國政治史視爲不斷成長與演化的歷程，因此不願意把一六八九年的事件視爲一場革命。

洛克的生平

洛克生於一六三二年，在布里斯托南方不遠的索美塞特郡潘斯福德長大。他的家族傾向於清教，在內戰期間同情國會派。洛克家並不富裕，但生活還算舒適。洛克晚年仰賴家族的地產而能過著得體的士紳生活。一六四七年，他就讀西敏公學，當時正值內戰期間，一六五二年，他就讀牛津大學的基督教堂學院。對於當時牛津的思想氣氛抱持保留的態度，尤其對校內的學究氣息頗有微詞。事實上，他與牛津的關係經常處於緊張狀態。即使到了晚年，牛津大學各學院院長會議仍決定教師不許跟學生討論洛克的《人類悟性論》（Cranston 1957, 468）。儘管如此，洛克從一六五六年於牛津畢業後，一直與基督教堂學院保持連繫，直到一六八四年他在查理二世的堅持下被趕出牛津爲止。畢業後，洛克培養了對醫學的興趣，而且成爲偉大化學家羅伯特・波以耳（Robert Boyle）的朋友。洛克於一六五八年獲得碩士學位，一六六一年與一六六二年擔任希臘文講師，一六六三年擔任修辭學講師，一六六四年擔任道德哲學的紀律委員（Milton 1994, 32）。

洛克的第一部作品完成於牛津：一六六〇年到一六六二年完成《關於政府的兩篇論文》（*Two Tracts on Government*, Lock 1967），而《自然法論》（*Essays on the Law on Nature*）可能是一六六三年到一六六四年的課堂講稿。這兩部作品在洛克有生之年均未出版，因爲它們與洛克晚期的「自由主義」迥不相同。《兩篇論文》反對宗教寬容；《自然法論》否認正當性的政府要以民衆的同意爲基礎。

洛克曾度過一段短暫的駐外生活，一六六五年到一六六六年，他是派駐克雷夫（Cleves）使節團的成員之一，並且在另一個職位也做得有聲有色。不過，他的政治興趣最重要的發展是他於一六六七年加入了倫敦的安東尼·阿什利·庫伯（Anthony Ashley Cooper）家族，之後，庫伯受封爲第一代夏夫茨伯里伯爵。夏夫茨伯里是當時輝格黨的領導人物，洛克是他的親密好友與夥伴。他們的關係奠定於洛克憑藉自己的醫學知識爲夏夫茨伯里開刀，奇蹟似地挽救他的性命。不過，他們的關係主要還是仰賴兩人共同的政治目標。

住在夏夫茨伯里的家裡，使洛克進入英格蘭政治生活的中心，隨著夏夫茨伯里越來越堅定地反對查理二世的政策，洛克也跟他一起陷入處境的危險與不確定中。艾什克拉夫特（Ashcraft 1986, 121）與拉斯雷特（Locke 1988, 29）懷疑，洛克有可能是《一名上流社會人士寫給國內朋友的信》的作者。這本小冊子激怒了政府，導致洛克於一六七五年倉皇逃往法國。[1]洛克在法國到處遊歷，他絕大多數的時間待在蒙佩利耳（Montpellier）與巴黎。一六七九年，當洛克從法國返國時，他已大致完成《人類悟性論》初稿。

洛克的「自由主義」發端於他與夏夫茨伯里來往的期間。《論寬容》（*An Essay Concerning Toleration*, 1667，Locke 1993）與《政府論》或許是在夏夫茨伯里家中寫的，而且很可能是受夏夫茨伯里之託而寫。艾什克拉夫特認爲《政府論》完成於一六八〇年到一六八二年，拉斯雷特則把時間提前到一六七九年。

一六八三年，謀刺查理二世的黑麥屋陰謀（洛克也牽連其中）敗露之後，洛克再次流亡，這回他去的是荷蘭。洛克此時或許已經完成《政府論》，而且希望自己不會步上阿傑農・席德尼（Algernon Sydney）的後塵，後者因寫下叛國文章而遭到處決。夏夫茨伯里於一六八三年去世。洛克與其他許多受查理二世與詹姆斯二世壓迫出逃的英格蘭難民一樣住在荷蘭，直到一六八九年光榮革命成功後才得以返國。同年，洛克也出版了（同樣還是匿名）《論寬容書簡》（*Epistola de Tolerantia*），或許是在一六八五年於阿姆斯特丹完成（Horton and Mendus 1991, 5）。由威廉・帕伯（William Popple）翻譯的《論寬容書籍》英譯本也於同年問世（見 Horton and Mendus 1991，或 Locke 1993）。在這充滿紀念意義的一年，洛克唯一以自己姓名出版的作品是《人類悟性論》，這本書或許完成於一六八六年年底（Cranston 1957, 208）。當洛克發現他的荷蘭朋友林伯奇（Limborch）洩露他是《論寬容書簡》（Cranston 1957, 332）的作者時，他還因此大發雷霆。他生前從未公開承認自己是《政府論》的作者，儘管許多人都心知肚明。

洛克爲什麼不願意明白表示他是作者，這一點我們不得而知。但我們知道《政府論》是在極不寬容的政治環境下寫成的，而且遭到處死的席德尼，他的觀點甚至未必比洛克來得激進。在一六七〇與一六八〇年代，也就是查理二世與詹姆斯二世統治時期，當時已經開始運用現代警察國家會使用的一些方法：臥底、告密、操縱陪審團來影響判決，綁架政治流亡人士。主張人民有權反抗當前的政府，甚至在必要時可以使用武力，這種說法在當時無疑將招來殺身之禍。我們身處於自由社會中，並在學院的環境裡閱讀《政府論第二篇》，然而這本書成書的環境並非如此。這就是爲什麼洛克不願承認他是《政府論》作者的原因。雖然一六八九年時洛克所屬的陣營獲勝，但洛克不確定他的作品出版時，他所支持的政府是否依然存續。而另一方面，洛克還是想貢獻一己之力讓新政府得以存續。儘管如此，對於其他爭議性較小的作品，洛克也依然不願意承認自己是作者，他似乎一開始就想保持神祕。在他身處的時代，過於高調出名似乎不是件好事。我們會發現，在《政府論第二篇》裡，洛克偶爾也會避免直接提出自己的觀點，儘管從全書來看他的想法已昭然若揭。他之所以如此，部分是因爲他希望在政治上能有說服力，並且避免觸怒潛在的盟友。

洛克晚年大部分時間都住在法蘭西斯爵士（Sir Francis）與瑪夏姆夫人（Lady Masham）位於倫敦北部不遠的鄉村宅邸中。洛克早在瑪夏姆夫人婚前就已與她結識，兩人是很好的朋友。瑪夏姆夫人名叫達瑪莉絲・克德沃斯（Damaris Cudworth），她是劍橋大學柏拉圖學派學者拉夫・克德沃斯（Ralph Cudworth）的女兒。洛克晚年時並非遠離世事，相反的，他時常前往倫敦。現在既然他屬於「正確」的一方，自然也在英格蘭的政治生活上扮演著重要的角色。他曾任上訴委員會委員與貿易委員會委員，後者主要處理英格蘭殖民地事務。他影響了一六九五年印刷法規的廢除，並且在一六九〇年代推動重鑄品質低劣的英格蘭通貨。在一七〇四年去世之前，洛克不僅是國際知名的思想人物，在英格蘭政壇也舉足輕重。除了再版《人類悟性論》，洛克晚年也出版了幾部輕薄短小的作品。《降息與貨幣升值的一些思考》出版於一六九一年，但早在一六六八年就已完成（Cranston 1957, 117）。《論寬容書簡二》（1691）與《論寬容書簡三》（1692）是爲了回應約拿斯．普羅斯特（Jonas Proast）對《論寬容書簡》的批評而寫成的。《略論教育》出版於一六九三年，而《基督教的合理性》出版於一六九五年。

洛克的性格

洛克是什麼樣的人？這不是個容易回答的問題，因爲隔了三百年，就連用來評估性格的類別都起了變化。我們可以從認識的長輩，或當我們年老之後回憶自己的過去得知，我們早年常見的某種態度或性格，到了晚年往往消失無蹤。洛克生平的外在環境還算容易重建。洛克從來不缺朋友，但他人生絕大多數時間似乎是無根的。他從未久居一處，而且經常往返兩地之間，例如，當他住在夏夫茨伯里家時，他往返於倫敦與牛津，而當他晚年時，則是往返於瑪夏姆夫人的住處與倫敦。他經常旅行，不僅在國外如此，在英格蘭也一樣。他獨居，沒有妻小，而且總是寄人籬下。洛克人生絕大多數時間都過著還算舒適的生活。雖然他沒有資財或欲望讓自己過著奢華的日子，但他的生活並不缺錢，而且去世時還留下一筆財產。從現代學院生活的標準來看，洛克的休閒時間是很充裕的。因爲他有很多時間可以自由旅行、閱讀、討論、思考與寫作。

洛克的性格與我們最息息相關的部分，可以從他的作品看出——他擁有充沛的思想精力，因此他的思考充滿力量、好奇、原創而且博學。他的聰明、機智與學識，使他得以與當時最卓越的心智交流，包括波以耳、牛頓與雷恩（Wren）。洛克的才智或許要比他的性格更令當時的人印象深刻。遠離俗世，不參與俗務，這些是哲學心智的缺點，但洛克的心靈並非如此。洛克具有實事求是的精神，這是盎格魯・撒克遜經驗主義的特點，這也使洛克忽略了事物的美學面向。洛克有著濃厚的宗教性，他是虔誠的新教徒，對天主教徒存有偏見。清教傾向通常會伴隨著實利主義，但洛克並未極端到對愉悅感到懷疑的程度。他非常重視金錢而且似乎有過於節儉的毛病。他對朋友的態度有時相當輕慢無禮，但他一輩子不乏長期結交的好友，例如他對夏夫茨伯里就極爲忠誠。他凡事（包括寫作）極其謹愼小心，因此予人不坦率的印象。他非常在意自己的健康，同時也極看重自己的私人空間，不讓他人侵犯。他努力守護自己的獨立與自主，所提出的人類擁有自我的說法絕非只停留在思想層面，而是必須在現實上予以履行。

第二章　社會契約與國家

導論

在藝術領域，曾經引發衆怒的創新作品，到了後世有時反而成爲一般公認的經典傑作。政治組織的原則也是如此。我們可以清楚看到，即使是一些老掉牙的政治原則，在過去也曾有過被視爲激進、顚覆的時刻。目前一些被視爲最理所當然的政治原則，最早被提出的並不是洛克的《第二篇》，但洛克的作品卻最具影響力。在洛克撰寫《第二篇》時，這些原則尚未成爲普世公認的準則。我們在一開始說明這點，不只因爲可以藉此引導出洛克的論點，也因爲一九八〇年代末期，東歐一連串政治自由主義革命的成功，使這些政治原則普遍獲得政治世界的認同。即使是惡名昭彰的政治獨夫，也不敢明目張膽地否定這些原則，儘管令人遺憾地，他們總是背地裡做著違反原則的事。

以下列出的原則，雖然對我們來說是不證自明，但對洛克那個時代的人來說，這些原則卻太過激進而難以接受：

1. 一國的民衆，無論他們的社會地位、權威或財富有多大的差異，他們的政治地位基本上是平等的（**II.95**）。
2. 每位民衆與其他民衆一樣，同樣擁有一些個人權利，這些權利限制了每位民衆對其他民衆施加的行爲。這些權利也限制了國家對每位民衆施加的行爲。

3.在政府體系或其他政治機構中掌握權威的人，他們大權在握不應該是爲了謀一己的利益、優勢或聲望，而是爲了增進全國民衆的福祉。

4.成立政府是爲了確保所有民衆的權利能獲得尊重，並且提升所有民衆的福祉。

5.既然政府只爲民衆的利益而存在，一旦民衆不同意政府統治他們的方式，並且希望去除統治者時，政府就失去了統治的道德權利。在這種情況下，民衆在必要時得以武力做爲最後手段，具有道德上的正當性。

必須強調的是，雖然我相信這五項原則的實質內容確實是洛克提出的，但在《第二篇》中並未明確寫出這樣的文字。

洛克那個時代最具代表性的保守觀點是羅伯特・費爾莫爵士的《父權論》（*Patriarcha*, *Filmer*, 1949），這本書成爲洛克《政府論第一篇》的抨擊對象。費爾莫認爲，從政治觀點（以及其他觀點）來看，人民是不平等的，人與人之間的關係是由上帝加諸的階序所構成，其中君主是人群在塵世間的領袖。人民擁有的權利是君主授予他們的，民衆的權利不能獨立於既有法律之外。君主的地位來自於神聖權利，這項權利傳承自人類的始祖亞當，亞當是上帝爲人類設立的第一位國王。國王的地位不仰賴臣民的認可。民衆無權反對或罷黜他們的君主。

費爾莫可說是「服從」社會的擁護者。他認爲，即使在政治社會形成之前，或即使在無政府的狀態下，亦即有秩序的政治生活中止之時，有些人「天生」要服從於某些人。與此相對，洛克認爲人與人天生平等。洛克眼中的自然狀態，人與人之間的關係是平等的。唯有在政治社會建立之後，人與人的地位才出現不平等。這種不平等是人爲的，是刻意建立政治社會產生的後果。費爾莫的態度在洛克的時代相當普遍，不過對我們來說，恐怕會覺得極爲古怪，如今大概只有極少數英國上層階級才相信這一套。然而，與這種觀點類似的想法似乎廣泛出現在現代的種族優越論者身上。

另一種不同（而且更爲睿智）類型的保守主義來自於湯瑪斯・霍布斯（Thomas Hobbes）的《利維坦》（*Leviathan*），這本書首次出版於一六五一年（Hobbes 1968）。霍布斯主張，爲了建立穩定的和平，擁有理性的人發現自己身處於自然狀態之中，會彼此締約同意創造一個至高無上的主權。主權的命令就是法律，而主權也擁有強制力（與一般民眾的權力相比，主權的權力是無限的）以施行法律。爲了維持和平，所有民眾都應該遵守主權的命令。霍布斯相信，如果不能完全無條件地遵從主權的指揮，就得面臨主權權力的崩解，屆時就得面臨內戰的威脅。主權的意志不應該因爲違反民眾的自然權利而受到阻撓；民眾不能對主權的權威施加限制。因此，就先前提到的洛克的原則來看，霍布斯顯然不會同意第二、第四或第五項原則。

洛克希望發展出正當性的政治權威理論，這個理論不僅合於上述五項原則，也反對像費爾莫這樣的反動分子與霍布斯這樣的權威主義者。本章將概述洛克如何建構這個理論。洛克確實想構思一個「正當性的政府」理論，但他的想法卻引發一個重大的問題。洛克的反對者——例如費爾莫——曾主張，如果政府建立在被統治者的同意之上，那麼我們不可能看到有任何這類正當性的政府存在。我接下來將證明，如果政府建立在被統治者彼此同意而締結的契約上，那麼這個正當性的政府「確實」不可能存在。儘管如此，支持上述五項原則的人不需要因此感到困窘。因為依我來看，正當性的政治權威事實上「不可能」存在。（我不相信正當性的政治權威存在，因此無法證明它存在並不令人感到驚訝。）洛克未能證明正當性的政府存在，並不會影響五項原則存在的理由。同時也不妨礙我們找出理由遵從（某些）政府的命令：事實上，我們確實有「道德的」理由遵守政府的命令。雖然並不是所有理由或所有道德的理由都能支持這種說法——其中緣故稍後再做詳述——但遵從政府本身其實就代表政府具有正當性的權威。本章的論點是，雖然洛克無法證明正當性的政治權威建立在民衆同意之上，但他提出的這五項原則仍是正確的。

在《第二篇》中，洛克說明了與國家相關的兩件事。首先，世上存在著正當性的國家，亦即，這類國家的存在不違背民衆的自然權利。在這點上，洛克與無政府主義者的意見相左，後者認為這種意義下的正當性國家不可能存在。其次，當政府違背正當性的條件時，武裝叛亂或全面革命是正當的。我們剛才解釋過，洛克很清楚保守派的反對意見，他們認為如果你覺得政府具有正當性，那麼你就不能說叛亂有時是正當的。洛克提出看法來反駁這種意見，他發展出「核心的」社會契約論，從中推演出正當性的政府有存在的可能，而叛亂也可能獲得正當性。接下來，我將闡述這項「核心」理論。

自然法與自然權利

洛克在描述正當性的國家的條件時，主要根據他的自然法與自然權利概念。現代政治理論對這兩個詞的用法與洛克不盡相同，因此我們必須先說明洛克如何理解這兩個詞。乍看之下，洛克對於自然法似乎沒有前後連貫的概念。而《第二篇》也未另闢專章有系統地闡述自然法與自然權利的觀念。儘管如此，洛克對這兩個詞確實有前後連貫的看法。這一點可以從他在《第二篇》經常（不過相當零散）提到自然法看出，此外他在牛津大學早期的講稿也討論過自然法。牛津講稿後來由馮・萊登（von Leyden）編輯出版爲《自然法論》（Locke 1954）。

洛克的「自然法」不是指主宰物質過程的科學法則，而是指規範性的法律。洛克的自然法是規範應然的法律，而非說明實然的法則。爲了便於說明洛克的自然法觀念，我們可以從兩方面來談。首先，洛克的自然法概念有所謂的「形式」面向。這個面向包括的概念特徵指的是自然法的必要內容，而非自然法對我們的行爲所做的種種要求。洛克自然法的第二個面向指的是特定的結構與內容。而這第二個面向正是洛克自然法與當時其他自然法理論家不同的地方。

洛克自然法的形式面向與當時的傳統見解一致。

1.自然法是規定行爲的法律，這種法律區隔而且獨立於人類的慣例：亦即，獨立於國家的實定法或既有的社會規約與習俗。「獨立」蘊涵了兩個觀念。首先，自然法的基礎或根據並非來自於人類偶然產生的規範性慣例。自然法的根源來自於人類的慣例之外，或居於人類的慣例「之上」。其次，實定法或社會慣例可能與自然法的要求相符，但也可能不符。（當然，如果你是一名自然法理論家，兩者「應該」總是相符。）

2. 自然法是理性的法則。行爲符合自然法，表示行爲符合理性；行爲違反自然法，表示行爲違反理性。我們可以運用自身的理性，「得知」自然法要求我們如何行爲。

3. 自然法是上帝要我們遵守的法律。我們可以從《聖經》得知上帝的意旨，了解自然法要求我們做什麼。洛克認爲，我們透過理性找出自然法對我們的要求，其結果將與我們從天啓中得到的結果一致。上帝的眞實意旨不可能違反理性。

4. 自然法是普世的。自然法適用於所有時代與所有地方的所有人類。所有人類都應該受到合於自然法的對待。所有人類（達到有理性的年紀）都應該以合於自然法的行爲來對待其他人。即使如此，自然法仍容許不同國家的實定法出現差異，也容許不同社會的慣例與習俗出現不同。自然法不會鉅細靡遺地規定人類所有的行爲規範。

上述自然法的特徵並未告訴我們自然法的要求是什麼：事實上，它並未告訴我們自然法要我們做什麼。它也沒有說明自然法「如何」獲得理性的支持。我們認爲洛克的想法是要運用理性來尋找自然法。首先，洛克假定了一個「基礎的自然法」：「基礎的自然法應是盡可能保存所有人類」（II.183. 也可見 II.16, II.134 and II.149）。洛克這句話的意思是，合乎理性的特定（非基礎的，或者是派生的）自然法，因源自於基礎自然法而能在理性上獲得證明。所謂「在理性上獲得證明」的這個脈絡是什麼意思？它的意思是說，從基礎的自然法與某些眾所皆知的人類生活之日常條件來看，派生的自然法在理性上是必要的。《第二篇》裡的〈財產〉有一段話可以說明這一點。（派生的）自然法允許人類運用大地及其產物，以求得生存。因爲如果人類不能利用大地及其產物，將走向滅亡一途。但基礎的自然法要求應盡可能加以保存所有人類，因此不應該拒絕人類使用大地及其產物（II.26）。洛克的自然法理性證明概念是一種目的論，亦即，派生的自然法之所以在理性上是必要的，因爲它能滿足人類通常的生活條件與某種目的（人類的存續）。

洛克適用基礎自然法的詮釋方式，與約翰·西蒙斯類似（Simmons 1992, 50）：

> 我認爲，基礎自然法在洛克道德理論中扮演的功能，與效益原則在一些規則效益主義的體系中所扮演的功能一樣。因此，洛克道德理論的上層建築是一種規則結果論，它以保存人類做爲努力實現的「終極目的」。

當然，如果因此認爲（西蒙斯的話沒有這個意思）洛克是一名規則效益主義者，那麼便犯了時代倒錯的毛病。此外，洛克在這裡說的「目的」，其實只是諸多人類善（human goods）的一種。這裡的「保存」指的不是古典效益主義以「效益」與「幸福」爲考量，將所有的人類善全保存下來的概念。

這種認爲自然法就是理性法則的主張是可質疑的。我們如何證明這個「目的」——應盡可能保存人類——在理性上是必要的？在這一點上，洛克的說理似乎不是「世俗的」，而是仰賴某種神學預設：我們都是上帝的創造物。

> 因爲既然人類是全能的與擁有無限智慧的造物主的創造物，是唯一最高主宰的僕人，在祂的命令下被派到這個世界，從事祂的事務，那麼人類就是祂創造出來的財產，人類能存活多久，端賴祂的意願，而非由人類自己決定。（II.6）

洛克認爲這種想法是合理的，如果上帝創造人類，那麼祂應該傾向於讓人類存續下去，正如畫家如果沒有明言他想毀了自己的畫作，那麼就表示他希望畫作能存續下去。由此推論，沒有人有權利毀滅自己；再由此推論，我們不能將這個權利轉讓給他人，特別是給政府。

如果這個神學前提成立，那麼洛克就可以主張接受基礎自然法合於理性。然而，現代政治理論不接受以神學爲前提的規範性政治主張，因此反對洛克自然法合於理性的說法。我們也許可以找到應盡可能保存人類的「世俗」理由，但要做到這點並不容易。比較可能的做法是，我們（人類）只需要找到彼此能夠同意（或許）的理由就行。

自然權利是自然法賦予人類的權利。自然權利是由「派生的」自然法所賦予的，而非來自基礎自然法本身。基礎自然法只指明自然法要實現的「目的」，而不會直接規定我們應遵從的各項誡命。

洛克認爲自然權利是人類掌控自身的權利。自然權利是人類擁有自身的權利：「每個人對於自己的人身享有所有權」（II.27）。你可以隨心所欲掌控自己的人身，只要你的所作所爲不侵犯別人掌控自身的權利。然而，洛克的主張不免啓人疑竇，這個說法是否與他先前的主張相符，亦即，人類是上帝的財產。一個可能的解釋是，洛克不只用一個觀點來看待人類擁有自身的權利問題。從我們與上帝的關係來看，我們的生命不過是向上帝「租賃」的，因此我們的生命何時終結，必須以上帝的意旨爲依歸。洛克因此主張，我們「沒有」權利終結自己的生命；與此相反，那些主張我們擁有自己的生命的現代辯護者，認爲我們必須護衛自己的自殺權利。然而，當洛克採取其他觀點來看待每個個人時，他卻認爲我們「擁有」自己的生命，而非「租賃」自己的生命。這類概念給予我們堅強的理由說明爲什麼我們必須尊重其他人生命的完整性。如果你允許他人（生命有限的凡人）擁有一部分權利來掌控你的生命，那麼他人很可能不尊重你的權利。然而，如果你的生命最終的擁有者是上帝，那麼他人就沒有權利不尊重你的權利。

雖然洛克認爲自然權利是人類擁有的自身權利，但他「不認爲」所有的自然權利都能用一般意義下的財產觀念來表示。的確，洛克認爲，透過一定的方式，一個人「可以」讓先前不屬於任何人的東西成爲屬於他的自然財產權（II.27）。但不是所有洛克說的自然權利都屬於這種性質，其中一個理由是，自然法賦予我們的諸多自然權利，不一定每一項權利都需要特定事件發生才能主張。無罪者有權主張身體不受拘禁，這項權利一直持續存在著。（我們或許可以根據 Hart 1967, 63ff 的用法，把這種權利稱爲「一般」的自然權利。）但是，針對一件特定事物主張自然的財產權利（如果我們相信洛克的說法），那麼這項權利必須透過特定事件的發生才能存在：以這個例子來說，必須針對特定事物做出特定行爲。我們可以稱這種權利爲「特定」的自然權利。還有一個例子可以說明特定的自然權利，那就是有人承諾給予你某件東西，那麼你就有權利要求對方履行承諾。（「特定權利」的說法類似於 Hart 1967, 60ff「特殊權利」的說法。）

自然狀態

洛克認爲，從政治組織的觀點來看，人類只能存在於僅有的兩個穩定狀態中：自然狀態或市民社會。對洛克而言，要證明某個狀態是否具正當性，就必須顯示你從自然狀態轉變到市民社會的過程中是否在道德上無懈可擊。自然狀態是什麼樣子？洛克說，在自然狀態中，所有人是自由的、平等的與獨立的（II.4-6）。洛克的意思不是說他們可以隨心所欲做任何事。他們無法自由地（道德上來說）做出違反自然法的事。在自然狀態下，人類可以自由去做自然法允許的任何事。

在自然狀態下，不存在國家的機構與制度，因此不需要實定法。當洛克說，在自然狀態下，每個人都是「平等的」，他的意思是什麼呢？首先，他的意思是說，在自然狀態下，每個人都有相同的自然權利〔兒童、瘋子與傻子除外（II.59, 60）〕。只要是人，都擁有這些自然權利。然而，具正當性的政治權威卻隱含道德不平等的意涵，因爲如果有人對他人擁有政治權威，就表示擁有政治權威之人擁有道德權利，可以要求他人在某些方面必須聽從他的命令。因此，對洛克來說，如果世上存在著合理的不平等，那麼一定可以說明這種不平等如何從道德平等中產生。人類在自然狀態下彼此平等，這就表示在自然狀態下每個人都立基於平等的地位，都能了解什麼是自然法，因爲自然法必須仰賴理性才能認識，而凡是「正常」人都擁有理性。

自然法雖然規定自然狀態下人與人之間的關係，卻未明言人們實際上會怎麼做。我們可以回想，自然法是一種「規範性」的法律——一種規範人類該做什麼的法律，而不是規定事件實際上如何發展的法律。洛克承認有些人可能會侵犯其他人的自然權利。此時該如何從道德層面說明這種狀況？如果有人侵害你的自然權利，你不僅有權利主張這種侵害不該發生，你還有「第二階」的自然權利來主張你的第一階的權利。洛克把這種第二階的權利稱爲「執行自然法的權力」（II.7-13, 74, 87, 105）。這種權利的存在對於洛克的學說具有關鍵作用，它決定政治權威可以獲得多少正當性。執行自然法的權力有三個主要面向：

1. 有權利爲自己判斷什麼樣的行動符合與不符合自然法。
2. 防止自然法遭到違反的權利，必要時可以動用武力。
3. 基於良知的判斷，在面對有人違反自然法時，有權利判斷什麼是適當的懲罰，並且有權利施予這種懲罰。

執行自然法的權力依附在第一階的自然權利上。如果人們未擁有第一階的自然權利，那麼執行自然法的權力就無從存在，也沒有保護的對象。

在自然狀態下，使用武力的權利與施加懲罰的權利，這兩種權利是有區別的。在自然狀態下，如果有人試圖侵害自己或他人的自然權利，那麼即使你沒有施予懲罰的權利，你仍有權利使用武力排除對方的侵害。想擁有懲罰的權利，必須先擁有使用武力（這裡指的武力不僅限於爲限制可能的權利侵害者而必須使用的武力）的權利，如此才能對違反自然法的人施予傷害或監禁，做爲侵害自然權利的懲罰。其實，有時面對一些故意違反自然法的行爲，雖然毋需動用武力加以遏止——有些違反自然法的行爲因能力不足以造成侵害之實，因此毋需加以遏止——但施加懲罰依然是適當的。

洛克提出以下的論點來支持懲罰權利的存在（II.7）。如果沒有權力來執行自然法，那麼自然法將形同「虛設」。上帝絕不會做徒勞無益之事。上帝既然創設自然法，就一定有適當的權力來執行自然法。在自然狀態下，由於不存在市民權力，因此執行自然法的世俗權力便落到個人手中。在自然狀態下，每個人的地位都是平等的。因此，如果有任何人擁有執行自然法的權力，則其他每一個人都應該擁有相同的權力。所以，每個人都有執行自然法的權力（通常的例外，如孩子與瘋子）。[1]

站在捍衛自然權利的立場，在自然狀態中有使用武力的權利似乎是合理而可行的。但是，認爲懲罰是一種自然權利，這種觀念卻引發更大的困難。其中一項難題是，我們可能認爲，如果某人被認定應施予「懲罰」，這種說法勢必牽涉某種「制度」過程，而不只是個人的意志行動。另一項難題是，沒有制度結構，要執行各種懲罰形式（例如拘禁）實際上有困難。此外，還存在著其他難題，例如，即使人們認爲（這種想法本身或許就有點不太合理）自然法針對各種違反自然法的行爲規定了相當清楚的懲罰內容，但仍缺乏實質約定成俗的元素來決定哪些犯行應施予哪種懲罰。

洛克提出執行自然法的權力，其背後的假定與他說明政治權威如何獲取正當性的主要策略有關。洛克認爲，如果政府有權利從事某種行爲，那麼這種權利必須與人們在自然狀態中獲得的自然權利一致。但洛克不只是要求一致：他提出更多的要求，他認爲政府適當行使的任何權利，其根源來自於個人在自然狀態中擁有的權利。因此，如果國家有權利執行自然法，那麼自然狀態下的個人一定擁有原初的權利，如此政府才能獲得向所有民眾施行自然法的權利。如果國家擁有懲罰的權威，那麼這個權利一定立基於每個個別的民眾身上。把施加懲罰（無論哪一種，包括嚴重的懲罰）的權威壟斷起來，這種做法被認爲是國家定義的一部分。

關於洛克自然權利學說的討論，有時會鬆散地與「不可讓渡」的權利觀念連結在一起。有人認爲，如果權利是自然的，那麼權利一定不可讓渡。洛克確實認爲有些自然權利不可讓渡。你不能以自己的自由意志同意成爲一名奴隸，而將自由的自然權利讓渡給他人（II.23）。（洛克認爲，人只有在接受公正懲罰的情況下，成爲奴隸才具有正當性。）但是，先前的討論也提到，有些自然權利，例如執行自然法的權力，必須是可讓渡的。根據洛克的理論，政府行使的任何權利一定來自於民眾，而「民眾」在自然狀態下擁有的任何權利一定是自然權利。因此，如果使用武力與施加懲罰的權利最後交到了政府手裡，這就表示這兩種權利是可讓渡的自然權利。

我們因此感到疑惑，爲什麼在自然狀態下，人類想把執行自然法的權力讓渡出去。他們這麼做是爲了解決洛克所說的自然狀態的「諸多不便」（II.124-7）。首先，每個人都必須自行判斷是否自然法遭到違反。因此在自然狀態下，如果遇到自然法是否遭到違反的爭議，往往缺乏公正的權威來加以判斷。如此將使爭端懸而未決，導致長期的爭吵與不安。其次，在自然狀態下，當民衆自行對自然法的違反者（事實上這個人是不是眞的違反了自然法，也缺乏一套判斷機制）施予懲罰時，我們無法保證他們的懲罰合於正義。人對於自己的利益遭受侵犯，總會帶有較強的報復心態，因此很可能對自然權利的違反者施予過重的懲罰。因此，人類之所以要建立政治社會，理由就在於我們需要一個單一的、共同的，與衆所皆知的自然法詮釋，透過這種詮釋來解決爭端，建立標準的刑罰來懲戒違反共同規則的人，並且公正地管理與執行。事實上，國家就是用來確保自然法能管制人與人之間關係的機制。（然而，我們接下來將會看到，洛克眼中的國家，功能不僅止於此。）這導出了洛克對政治權力的定義。

> 因此，我認爲政治權力就是爲了管制與保護財產而制定法律的權利，包括判處死刑與其他較輕的刑罰權利，以及運用共同體力量來執行這類法律與保衛全體民衆不受外來侵害的權利，而這一切都是爲了公衆利益。（II.3）

洛克的意思不是說，政治權力只能用來保護一般意義下的財產。他所說的是廣義的「財產」，包括「人擁有的一切權利」；亦即，一個人擁有自身的權利與擁有一般意義下的財產的權利。在自然狀態下，雖然自然法完全適用在每個人身上，但自然法是否受到遵守卻是另一回事。在這點上，洛克的說法有點前後矛盾。他說：

> 在這裡，我們看到自然狀態與戰爭狀態的明顯差異，雖然有些人把兩者混爲一談，但它們就像和平、善意、互相幫助和保存的狀態與敵對、惡意、暴力和相互毀滅的狀態之間的區別一樣迥不相侔。（II.19）

霍布斯針對這個說法提出了明確的反對意見，但我們發現洛克稍後表示：

> 避免戰爭狀態（在這種狀態下，除了訴諸上天，沒有其他可訴諸的對象，因爲沒有任何權威能爲所有爭論者進行裁決，哪怕是最小的糾紛也會以這樣的方式作結）是人類組成社會與脫離自然狀態的一個重要原因。（II.21）

起初，洛克似乎反對霍布斯的觀點。霍布斯認爲，在沒有政治權威的狀況下，不存在任何道德規則體系來約束衝突。但之後，洛克終於同意霍布斯描述的自然狀態。對洛克來說，自然狀態下的人類只擁有道德規則，但即使如此，道德規則也未必能獲得遵守，於是洛克眼中的自然狀態便與霍布斯所說的戰爭狀態相去不遠。我們也許會對洛克說法的明顯矛盾感到困惑。他不想把自然狀態說得太糟，因爲他想說明在自然狀態下政治權力運作的明確條件。與市民社會相比，自然狀態如果不是一個太糟的選擇，則洛克可以更輕易地提出他的主張。另一方面，洛克也不想把自然狀態說得太好，如果說得太好的話，就找不到明顯的理由說明人類爲什麼想離開自然狀態。

洛克試圖顯示政治權威可以與道德權利並存，而執行自然法的權力這種概念是他的學說得以發展的關鍵。爲了建立政治權威，必須讓執行自然法的權力從每個個人手中，透過不違反個人自然權利的過程，移轉到政府的控制之下。洛克認爲，在自然狀態下，每個人都是執行自然法權力的「擁有者」。因此，除非獲得每個人的同意，否則不可能將每個人手中的權力移轉出去。洛克提出充分的理由說明爲什麼執行自然法的權力應該移轉給單一權威，而除非執行自然法的權力的原初擁有者同意放棄權力，否則該單一權威不可能獲得正當性。洛克提出的契約論點於是成了政府正當性的來源。

共同體的形成

洛克提到，政府形成的過程分成兩個階段。在第一階段，每個人與其他同樣希望擺脫自然狀態的人締約，彼此同意將自己執行自然法的權力讓渡給所有參與締約的人構成的整體（II.14,

95, 171）。每個人同意讓渡執行自然法的權力，以換取與其他締約者共同均等分享每個人讓渡匯集起來的執行自然法的權力。執行自然法的權力於是在這個階段「去私有化」。

這個藉由契約建立的新實體，洛克稱爲「共同體」（II.87, 95, 96, 99, 130）。共同體是介於自然狀態與國家之間的中繼站。它已擺脫了自然狀態，因爲個人已經放棄單方面對執行自然法權力的控制。但共同體還不是國家，因爲還不存在建構成形的組織，因此沒有任何機構有權威來掌握這項權力，亦即立法與執法的權力。共同體概念是洛克對政治思想的貢獻中，最有趣且最具發展性的一個。有人指出（Ashcraft 1986, 310），共同體學說曾在輝格派意識形態短暫出現過一陣子。共同體觀念曾被用來解釋民衆仍擁有「意志」，亦即，如果國王解散議會，民衆仍可透過共同體來表達他們的意志。民衆的「意志」因此存在於「共同體」中。當一群人的重要性足以構成政治實體，但缺乏形式的、擁有主權的機構制度時，例如幾年前的拉脫維亞、立陶宛與愛沙尼亞之民衆，要形容這些人免不了要運用洛克的共同體概念。然而，當然，我們沒有理由認爲這類團體是由自願的個人所組成。相反地，人們之所以認爲自己是這類團體的成員，主要基於非自願的、自古傳承下來的語言特質、文化以及對鄉土的情感。當我們考慮到締約者只需基於想擺脫自由狀態的欲望以及共同尋思擺脫的手段而連結在一起時，洛克立場中對比鮮明的「普世主義」與「理性主義」就變得相當明顯。否則，締約者就不需要藉由種族的考量、文化或甚至語言來加以連結。

或許洛克的共同體概念並未涵蓋這麼廣。事實上，對洛克而言，共同體的存在並不以現存立憲政府的持續存在爲前提。這解釋了「相同的」政治實體何以能歷經政治動盪與革命時期而能持續存在。然而，洛克認爲，有共同體而無政府的局勢是「不穩定的」，如果權力不快點委託給新成立的立憲政府，那麼共同體也將瓦解消亡（II.212）。這表示，依照洛克的觀點（而且相當一貫地），最終能凝聚整個共同體的只有共同體成員一致要建立市民社會的決心。因此，以共同體的觀念將拉脫維亞（舉例來說）的持續存在，說成是在蘇聯時期缺乏適當政治機構下的政治實體，其實是對洛克觀點的一種引申，甚至是一種扭曲。

回到論點主旨：共同體的形成不表示萬事俱足，還需要邁入第二階段，也就是建立市民社會。民衆最初締約，原意是爲了救濟自然狀態帶來的「諸多不便」：他們需要一個共同的、彼此同意的自然法詮釋，而且公正無私地執行法律。所以，執行自然法的集體權力必須交由正式建立的權威來行使。這個權威將被稱爲「政府」，不過洛克並未構思出特定形式的行政組織，只是提出一種立憲的政府形式，以現代的例子來說，如同英國的議會制度或美國的聯邦總統與國會制度。這些制度可以根據常設程序產生特定的行政組織。

共同體成員必須決定要把執行自然法的權力委託給何種立憲形式。必須注意的是，委託的對象是「立憲形式」，而非直接將權力交給特定個人。透過立憲形式可以讓人以正當的方式獲取權力，亦即，以合乎憲法規定的程序取得具正當性的權力；舉例來說，透過選舉成爲領導人。洛克提出幾種許可的形式，其中基本的形式有（立憲）君主制、寡頭制與民主制。在形式的選擇上，沒有必要非獲得無異議通過不可。如此，要用何種程序來決定呢？洛克說，當你同意原初的契約時，就表示你已經暗示性地同意，亦即，「默示同意」多數人的決定，把執行自然法的集體權力委託出去。在多數決之下，共同體成員將他們執行自然法的集體權力委託給立憲政府形式，我們可以恰如其分地說，國家就在此時建立。

民主

依洛克的看法，把執行自然法的集體權力委託給某種政府形式，這個過程採取的方式無疑是多數決。（II.95, 99, 176）但是，被委以權力的立憲形式，其性格則未必是多數決。共同體可能選擇不民主的立憲形式，而這樣的決定可能具正當性。然而，「絕對」君主制卻不具正當性，因爲這種制度的政治權威不是立基於民眾的同意上，因此不能成爲共同體的選項。但「立憲」君主制卻是可接受的選項。

有人認爲（Simmons 1979, 71-2），洛克（與其他契約理論家）主張的個人同意與多數同意之間存在著緊張關係。如果要求「每個」個人都要同意，那麼就表示同意必須全體一致。不同意的人沒有遵守的義務。這種說法與「多數」同意矛盾，在多數同意下，即便個人反對，個人還是有遵守多數同意的義務。

然而，如果我們因此認爲洛克的說法前後有矛盾，那麼我們就錯了。因爲個人同意與多數同意是兩件不同的事。個人同意的是原初的契約，你因此放棄了執行自然法的權力。只要是市民社會的成員，就表示你已給予了個人同意。如果你未給予個人同意，則你不是市民社會的成員。多數同意適用在共同體將權力委託給特定政府的時候。根據洛克的說法，此時不需要全體同意，即使你屬於少數不同意見者，依然表示你已經同意。因爲在締結原初契約時，你已經默示同意接受多數決。

洛克的民主觀可能讓我們覺得有點奇怪。爲了更了解洛克的想法，我們要從幾點來看。首先是共同體把執行自然法的集體權力委託給政府的過程。根據洛克的說法，無疑地，這個過程應該與多數決民主原則一致。（然而，當時普遍認爲女性不涵蓋在內。）當然，這個過程也沒有形式化，因爲我們還沒擁有國家；因此用來進行正式多數決過程（如公民投票）的機構組織也尙未出現。但是，透過一些未特定化的「非正式」方式，可以看出這種過程採取的一定是多數決。舉例來說，我們可以說過去的東德共黨政府是透過「非正式」的多數決過程而遭到去除。其次是被委以集體權力的立憲形式性格。例如，美國的聯邦立憲形式是民主的；英國的立憲形式則不像美國那麼民主，因爲英國擁有不經選舉產生的第二院與不經選舉產生的國家元首。此外，十七世紀的威尼斯立憲形式也不盡然民主，它採取的是貴族寡頭制。洛克認爲，民眾會依照自己的意願將權力委託給民主的政府形式，但民眾不是非這麼做不可。

有人認爲，洛克這種說法已經悖離了他自身立場的自然邏輯。從洛克建構共同體的方式來看，不難理解爲什麼立憲的政府形式應該是民主的。因爲每個參與締約之人，他們的意志都同樣有效，他們擁有的執行自然法的權力也均等。締約之後，民眾就無法再單方面地行使他們的集體權力（除非遇到危及生命的緊急狀況），因此對每個民眾來說，要控制執行自然法的集體權力，一個明顯的方式是每個人都要在集體權力中占有相同的權力份額，如此才能決定集體權力的行使方式。

這是政治理論發展過程中一個奇妙之處，理論本身所蘊涵的各種可能並未獲得理論創立者進一步發展，因爲從當時人們所能接受的政治信念來看，這些可能性對作者來說是荒謬的。在十七世紀晚期的歐洲，如果有人主張只有成年普選制選出的民主政府才具有正當性，必將遭到反對者的嘲弄。當然，他的理論帶有這種顯然令人（對洛克而言亦然）困窘的弦外之音，反而讓我們更相信這個理論的可靠性。要是洛克當初對理論做了修正，那麼在面對共同體多數人何時能撤回同意這個問題上，就不會遇到那麼大的困難。關於這點，我們將在論叛亂一章中再做討論。

當然，洛克確實曾主張政治權力最終掌握在人民手裡。我們提過（Ashcraft 1986, 300），這種學說在洛克當時算是相當激進。因爲洛克說的那些擁有自然權利的「民眾」，絕大多數是由「下層等級」構成的，例如商人、店主、工匠、僕役與農人。洛克認爲構成政治權力最終來源的絕大多數是「這些人」。在一個連最激進人士都認爲政治事務理所當然應由「上層人士」（亦即有產、受過教育、有空閒之人）管理的社會裡，這個觀點無疑相當先進。

一名托利黨人（George Hicks, 1682）相當正確地指出，輝格黨激進份子的自然法學說可以推導出女性投票的結論。根據自然法，女性與男性一樣具有理性，因此她們對政府的同意，效力與男性相同。希克斯（Hicks）以歸謬法反駁自然法觀點，卻因此推擴了上述說法（Ashcraft 1986, 236）。

洛克認爲多數決可以正當化政治權力，這種主張巧妙化解了輝格黨內部的分裂。前面曾經提過，《政府論第二篇》不是一篇學術文章，而是針對當時政治生活所做的討論。洛克不想失去任何可能支持革命的力量，因此從這個觀點來看，他的學說確實相當明智。

我們曾經提過（Ashcraft 1986, 237），輝格黨對於「人民」一詞態度相當曖昧。之所以如此是爲了避免造成輝格黨內部分裂，因爲輝格黨的支持者不僅包括貴族與仕紳（這些人無意擴大選舉權），也包括無選舉權的貧民。現在，洛克說政治權力最終掌握在人民手裡，因此，做爲主要原動力的人民參與革命是理所當然的事。讓「下層等級」充當旁觀者，而僅由「上層等級」來決定正當性問題，既不妥當也不必要。因此，大力支持輝格黨的「下層等級」在最基礎的政治過程中理當占有一席之地。政府必須獲得「他們的」（以及其他人的）同意才具有正當性。然而，許多上層階級與具影響力的輝格黨人（包括夏夫茨伯里）卻反對擴大選舉權。但洛克可以跟他們說，人民雖然在正當化政府的基礎過程中扮演一定角色，卻不表示政府體系本身也要民主。因此，不願廣泛分享政治權力的輝格黨高層人士，他們的地位不會因洛克的理論而受到挑戰。不管怎麼說，只要主張人民已經決定將政治權力委託給當時居於主流、民主受到重重限制的政府體系，那麼支持革命的「下層等級」即使在革命後無法在政府內部擁有形式的權力或影響力，也不表示這麼做是對他們不公。

政府的設立

我們再大致回來談一下洛克的國家正當性理論：想建立正當性政治權威，首先必須做到「共享」執行自然法權力。這裡指個人的締約。洛克並未把下個階段視爲契約。共同體（嚴格來說，是共同體的多數人）把大家共享的執行自然法權力「委託」到政府手裡（II.149）。洛克提出的並不是雙重契約理論——首先由每個個人與個人之間締約，然後再由人民集體與即將成立的政府締約。對洛克來說，唯一的契約是你與其他每個民衆訂的約，內容是放棄每個人各自擁有的執行自然法權力。如果你不服從正當性政府的命令，那麼你所違反的是你對其他每個民衆負有的義務，與政府沒有直接關係。

洛克爲什麼認爲第二個步驟是委託而非締約？先前曾經提過，洛克希望以他的理論核心來說明政府如何取得正當性，以及人民如何能正當地推翻政府。關於後者，其立論的憑藉就在於委託。如果存在第二個契約，則人民做爲一個集體（也就是共同體），在政府違約時有權反抗政府，然而同樣的道理，當人民違約時政府也有權反對人民。如此一來，一旦政府與人民發生爭端，將無人可擔任仲裁者。相反地，如果政府的權力來自人民的委託，則人民隨時有權撤回這項委託。對洛克而言，政府行使的權力永遠屬於人民所有，而一個具正當性的政府，其權力只來自於人民的委託（II.240）。

可能有人懷疑，洛克是否眞的認爲人民做爲一個集體，任何時刻都有權撤回自己的委託。

洛克不是曾經說過，民眾只有在政府違背人民的委託時才能叛亂嗎？人民把他們的權力交給政府，條件是政府會運用權力爲每位民眾確立與主張自然權利，並且增進共同善。事實上，洛克的確認爲人民只有在他們的委託遭違背時，才能撤回權力。但終究來說，要不要撤回權力是人民自己決定，沒有任何人可以代替民眾作主，並且判定民眾的決定是否「適當」。因此，民眾實際上可以隨時撤回自己的委託。關於這點，我們將在論叛亂一章再深入討論。

正當性政府的建立分成兩個階段，與此相應，洛克認爲政府賴以建立的基礎，也就是人民的同意，其意義也分爲兩種。首先，每個個人同意原初的契約，並且放棄自己的執行自然法的權力。這裡的同意具有契約性質。人民同意放棄自己在自然狀態時專屬於自己的權利，並且將權利讓渡給共同體，條件是其他每一個人也要放棄並且讓渡權利給共同體。其次，政府以人民的同意爲基礎；亦即，在多數人同意下，持續委託政府，使政府有權利行使執行自然法的權力（II.134）。這裡的同意不具有契約性質。我使用「態度」（attitudinal）一詞來表示這種同意（Simmons 1979, 93, 97）。

態度的同意指的是感受，而不是作法。如果非吸菸者不在乎吸菸者吸菸，那麼這表示他們在態度上同意吸菸者吸菸。即使沒有契約，仍有可能表現出態度的同意。非吸菸者也許未正式同意讓吸菸者吸菸，卻仍有可能在態度上表示同意。反過來說，態度上不同意，契約上的同意也可能存在。如果非吸菸者正式同意允許吸菸者吸菸，那麼，儘管他們痛恨菸味（亦即，即使他們在態度上不同意對方吸菸），他們仍有義務依照契約規定忍受對方吸菸。人們也許感到疑惑，爲什麼有人會對於自己態度上不同意的東西，給予眞正的（亦即自由的）契約上的同意。

這當中最明顯的理由，是希望透過交易來獲得某件東西。如果非吸菸者同意讓吸菸者吸菸，則吸菸者會同意在非吸菸者想進行的某些事務上與他們合作，而這些事務唯有通過吸菸者與非吸菸者的合作才能進行。

這兩種同意之間的區別，存在著自然邏輯，考慮到這個邏輯與洛克理論其他部分的搭配關係，便不難理解。共同體同意把權力委託給特定的政府體系，這種同意與個人契約不同，因爲同意委託的是個人的集合體而不是個人本身。而個人組成的共同體的同意，並非契約上的同意。因爲共同體不是正式結合的集合體，它不是由個人授權而能代表個人的集合體，因此，共同體不像大學校長一樣，因爲獲得授權而能代表大學發言。只有當權力委託給政府體系時，我們才能說已來到正式結合的階段。此時無疑地，共同體做爲一個集合體，有能力同意將權力委託出去，而這裡的同意是一種態度上的同意。

我們可以重新檢視從自然狀態到政治權威的演進過程，以此來簡要說明洛克的觀點。整體可分成三個階段。第一階段是自然狀態，每個人有權利控制自己執行自然法的權力。第二階段是共同體，此時已訂定契約將執行自然法的權力予以「集體化」，但集體權力尚未委託給政府體系。第三階段是國家。在這個階段，共同體透過多數投票，將執行自然法的權力委託給政府體系，只要委託存續，就繼續由政府代表共同體行使權力。然後國家再授予權力給適當機構，如立法、行政與司法，至此，我們可以恰當地說，政治秩序於焉成形。

洛克的政治權威論點是否成功？默示同意

我們對於洛克的「核心」理論所提到的，國家如何在「規範」下出現，已做了完整說明。而洛克的說法是否已成功證明政府的成立具有正當性？首先讓我們看看洛克對以下問題的解答，「為什麼你應該遵從政府，如果政府已獲得多數民眾態度上的同意，而民眾也願意繼續將權力委託給政府？」（為了讓問題更容易回答，我們或許可以想像，政府要求你做的事缺乏道德正當性。在英國，近來有許多人認為政府課徵人頭稅是一種缺乏道德正當性的行為。）洛克的回答如下。你已經同意——個別的同意與契約的同意——將執行自然法的權力讓渡給共同體，而這種權力原本是民眾在自然狀態下個別掌控的。在同意讓渡權力給共同體時，就表示你已默示同意接受多數決定，將共同體的權力委託出去。現在，共同體將權力委託給我們目前有的特定政府形式，而且並未撤回這項委託。因此，只要共同體多數人仍持續這項委託，你就必須遵從政府的命令，政府對你行使執行自然法的權力，這是正當的。即使你反對，你仍有義務遵守正當性政府的立法。如果你認為該項立法已實際違反了自然法（如一些反對人頭稅的人所主張的），那麼情況就大不相同，而且變得更為複雜，關於這點我們將在後面再做討論。

這個論點成立的必要條件，在於必須證明完全服從國家的人已對於原初的契約表示契約上的同意。洛克明白地指出這點。「之前曾經提過，人生而自由、平等與獨立，未得本人同意，不能將其置於這種狀態之外，使其屈從於其他人的政治權力之下」（**II.95**）。然而，即使真有原初契約存在，也不表示現在的世代有義務遵守。「任何人爲自己做的約定或承諾，自然有義務要遵守，但這樣的契約卻不能用來約束他的子女或後代子孫」（II.116）。所以，如果現在的政府具有正當性，就表示現在的世代一定透過某種方式表達了同意。但是，每個人都明白表示同意是不可能的。每個服從政府的成年人都做過適當的宣誓也是不可能的。因此，現在的世代有許多人或者是絕大多數人，一定只是對原初的契約表達「默示」同意。

接下來讓我們用另一種方式來說明洛克的「默示同意」。之前提到的例子，洛克說，如果你同意原初的契約，那麼就表示你已「默示同意」接受多數決定，將「共享」的執行自然法權力委託出去。「默示同意」的用法可以解釋如下。如果你明示同意甲，那麼在同意甲通常就意謂著同意乙的狀況下，我們可以說你默示同意乙。舉例來說，如果你明示同意參加比賽，就表示你同意你有輸的可能，因爲在競賽中有贏家就有輸家。在洛克舉的例子裡，他認爲當你締結原初契約時，表示你已（默示）同意受多數決定的拘束。因爲如果不這樣解釋（舉例來說，如果你堅持要無異議通過），那麼締約者想建立政治社會的意圖就會受到阻撓，因爲要讓每個人都同意將共享的執行自然法權力委託給政府體系，幾乎是不可能的事。

我想質疑的不是「這個」默示同意的概念。從這個意義來看，我們明示同意某些事物，似乎就表示我們默示同意其他事物。然而這無助於解釋洛克所說的，對原初契約的默示同意。因爲「默示同意」的意義如果指的是「隱含的同意」，那麼默示同意一定尾隨在明示同意之後，對其他事物表示同意。但以原初契約來說，我們從假設出發，會得出我們對原初契約做出原初同意的結論。洛克不斷尋找某種行爲，這種行爲雖然不算是明示同意，卻像明示同意一樣拘束我們，使我們有義務放棄執行自然法的權力。

討論到現在，我們顯然可以推論，民眾可以藉由默示同意而成爲國家的正式成員與國家的公民（與此相對，有些人只是服從國家的法律，而不是國家的臣民，例如外國觀光客）。不過，這種說法顯然與洛克的說法相反（II.122），他說：

> 因此我們看到，那些一輩子生活在另一個政府的統治下，享受特權與保護的外國人，雖然他們就跟該國百姓一樣，必須（甚至包括他們的良知）服從該國政府機構的命令，但他們不因此成爲該國的臣民或成員。除了透過明確約定與明示的承諾與締約，才能眞正成爲該國的百姓。

如此說來，就算外國人的行爲達到默示同意的程度，洛克也不認爲默示同意可以讓外國人成爲國家的成員（不過外國人仍有義務遵守國家的法律）。我們引用的這段文字清楚表明，唯有明示同意的人才能成爲一國的正式成員。

然而，這個解釋也無法令人滿意。洛克並未說明，什麼才算明示同意。然而，無論明示同意是什麼（也許是宣讀神聖誓詞，也許是明文寫下宣言），如果必須基於明示同意才能成爲一國的成員，那麼這樣的人一定屈指可數。但洛克沒有理由限縮國家成員的人數。進一步來說，當洛克提出明示與默示同意的區別時（II.119），我們可以說，洛克的說法其實暗示默示同意也是民眾成爲政府臣民的一種方式。露絲・格蘭特爲我的說法提供一項旁證（Grant 1987, 123-

4）。洛克承認，在過去，父親對未成年子女的權力，幾乎在不知不覺間轉變成君主的權力。但洛克仍堅稱父權與君權不同，要使君權的行使具正當性，則子女在成年後必須給予明示或默示的同意才行（II.74-5, 94, 110）。洛克在這裡明確表明，只要默示同意就能成爲一國的成員。

洛克作品還有個地方（II.73）可以讓我們了解他對明示與默示同意的看法，那就是洛克對財產繼承的態度。洛克表示，「土地的享用總是伴隨著對一國政府的服從，因爲土地是國家的一部分」。（對此，洛克在 II.120 有更詳細的說明。）洛克說，人們普遍（但錯誤地）以爲，「由於父親是政府的臣民，因此父親可以強迫自己的後代服從政府」。洛克告訴我們，實際的狀況是，繼承人可以選擇繼承或不繼承遺產，因此，他也可以選擇要不要接受附隨在土地上的條件，也就是說，他可以選擇要不要服從管理這塊土地的政府。我們也許可以認爲這就是洛克所理解的「明示同意」：接受遺產的人，等於明示同意繼承遺產，而在此同時，他也默示同意服從政府。

然而，這種解釋也存在困難。首先，我們先回到稍早之前的「默示同意」，也就是對其他事物表示「明示同意」時所隱含的同意——我們發現，對洛克來說，遺產繼承符合這種類型，因此遺產繼承是一個對政府表示「默示同意」的例子。接受遺產是「明示」同意，而服從政府是默示同意，接受遺產就等於接受政府對土地的管轄。這種針對洛克觀點所做的解釋，可以在 II.121 得到證實。享用土地的人，只要持續處於享用的狀態，就必須服從對土地擁有管轄權的政府。洛克說，這就是「默示」同意，而地主可以自由——如果他變賣家產的話——加入其他國家。因此，洛克在 II.122 又說，要成爲社會的成員與國家的永久臣民，關鍵在於「明確約定與明示的承諾與締約」。「明示締約」的內容是什麼，至今仍是個謎。而從 II.62 可以明顯看出，洛克把「效忠的誓約」視爲明示同意，但這種同意涵蓋的國家成員太少，無法做爲唯一的同意方式。

有些人（如 Macpherson 1962, 248-51）認爲，洛克主張土地繼承者明示同意而且是國家的成員，至於無土地者只須默示同意而且要遵守法律，但他們不是國家成員，沒有權利參與政治生活。但是從先前的討論中，我們已能清楚得知，這種詮釋完全誤解了洛克的立場。

在這方面，我無法從洛克所有的文獻得出一貫的解讀。然而，從許多模稜兩可的狀況，我們至少可以合理推知，洛克確實認爲人們可以藉由默示同意成爲一國的成員。西蒙斯（1993, 80-90）曾對這個議題做了仔細討論。

那麼，什麼樣的行動才叫默示同意？洛克在《政府論第二篇》（II.116ff.）第八章的後半部提出了解答。一些短暫反對默示同意的論點，不受洛克認爲的構成默示同意的說法影響。然而在這點上，詮釋洛克最合理的說法是，你對原初契約的默示同意，其實只是單純地身處於某個國家的領土之內，亦即，擁有或享受政府所支配的部分（II.119）。

有人反對以這種方式來詮釋洛克的立場，其中最常見的反對說法有二。首先，洛克似乎認爲默示同意可以在無意間給予，例如單純身處於某個政府的領土上，即可算是默示同意，即使人們並未有意識地認爲自己已經同意。這裡不合理的地方在於，人如何能在無意間同意具拘束力的契約，人如何能在不曉得自己必須依照某些方式來從事某些行爲的狀況下給予同意。其次，具拘束力的契約同意，這種同意必須出於自由意志。一個人必須擁有同意或不同意的自由。但是許多人由於財務或其他限制，無法選擇離開自己身處的政府領土。因此這種說法必須以人民可以合法離開，而其他國家以願意接受移民爲前提。這個論點是由大衛・休謨（David Hume）在他的論文《論原初契約》（*Of the Original Contract*, Hume 1987）中提出的。

這兩個反對意見對於洛克的說法影響有限。的確，它們認爲「身處於領土之內」不能算是默示同意的「行爲」。然而，它們卻不一定能否定洛克認爲的主導觀念，也就是政治義務建立在默示同意之上。或許，還有更好的選擇可以做爲默示同意的行爲。不過，來自各方反對洛克的論點，數量倒是越來越多。人們認爲，要找到一種行爲可以符合洛克所認爲的默示同意是不可能的。沒有任何行爲能構成默示同意。

既然沒有任何行爲可以構成默示同意，自然就無法對原初契約默示同意。如果某個行爲未（透過一些運作慣例）被認定爲個人在契約上的同意，那麼該行爲就與同意無關。如果行爲被認定爲個人在契約上的同意，那麼這樣的同意屬於明示同意。不過這必須以適當的背景條件爲前提；亦即，行爲必須出於自由意志，而且行爲者必須知道他的行爲將被視爲指示性的同意。點頭同意或未表示異議，在適當的狀況下，這些都可以構成明示同意。可能有一些形式的明示同意是在適當的狀況下以不作爲來表示的（例如，當人們被問到是否同意時，卻緘默不語），這使得洛克認爲有默示同意這回事。西蒙斯提出一個例子，董事會詢問大家，對於下次開會時間的變動有沒有反對意見。董事會成員保持沉默，而西蒙斯認爲，這麼做就表示他們默示同意改變（Simmons 1979, 80）。但是比較合理的說法應該是，董事會成員之間存在著某種慣例，因此沉默可以理解爲同意。因此，這還是屬於明示同意的例子，這裡的同意是在會議的某個適當時點，透過不作爲的形式來表現。

如果某個行爲未被認定爲契約上的同意，那麼我們沒有理由認爲該行爲可以構成任何形式的同意。現在，我們對原初契約的內容表示同意，靠的不是我們的運作慣例所認定的契約同意行爲。然而，如果有人主張，有一種運作慣例認爲只要位於國家的領土上，就隱含了「明示」同意，那麼此時洛克所說的同意就必須詮釋成是一種擁有明示同意形式的同意。然而，只要洛克能證明有同意存在，他就不需要在意這種說法。其他的政治哲學家也認爲居住隱含了同意，例如盧梭（Rousseau 1913, 88, n. 1）。但我們很難看出該如何嚴肅主張有這種慣例存在，因爲在社會生活的其他層面，我們不認爲居住地點隱含對某事的同意。如果我們任爲空間地點隱含對某事的同意，那麼民眾必須對此有特定的理解，才能使這種同意生效。或許我們可以主張，洛克認爲國家是由明示同意的契約建立，而在國家建立的同時，慣例也隨之樹立，因而使居住成爲後代子孫的一種同意形式。然而，一定會有人提出反證，如果有這樣的慣例存在，爲什麼至今都未曾發現任何支持這種說法的歷史證據。

因此，洛克用來支持正當性政治權威的論點，從一開始就失敗了。的確，我們無法確定，運作慣例所認可的同意行爲是否眞的有人做過。雖然曾經有人做過一些行爲，但這些行爲看起來猶豫不決、模稜兩可、無能而且怯懦，我們很難判斷這些行爲是否合乎要求而能認定是同意行爲。但無論如何，這些行爲都不是洛克所說的默示同意，但能否算是明示同意則仍有疑義。

另外還有一個例子很容易與默示同意混淆。這一點我們先前已經提過，在適當條件下從事的行爲（或一連串行爲），由於得到運作慣例的認可，因此構成契約上的同意。〔然而，從契約同意的概念來看，有些適當的背景條件（例如，依照自由意志行動）並非來自於慣例。而有些可以表示契約同意的行為（例如簽名），則是屬於慣例。舉例來說，我們可以想像未來可能無法用簽名，而只能在電腦上鍵入個人密碼來表示同意。）舊慣例有可能消滅，新慣例有可能形成。因此，我們無法確知目前的慣例何時將無法適用，或者是仍可繼續運作。我們也不曉得某些行為未來是否仍可表示契約同意。然而，這些可能性幫不了洛克的忙。洛克需要兩個條件才能構成默示同意，首先是沒有（根據既成的慣例）任何行為明確表示同意，其次是契約同意顯然已經提出。然而這兩個條件要同時滿足是不可能。

有些人對於以下的提議很感興趣：如果你投票，或甚至你有權投票，那就表示你已經表示默示同意或「準同意」（Singer 1973, 51-2）。如果有人主張實際投票等於默示同意，那麼對洛克來說，這不是建立默示同意的適當理由。因為洛克的立場並未要求有義務遵守具正當性政府的民眾投票或甚至有權投票。

然而，我們也許可以主張，「現代的」洛克思想可以以實際投票或有權投票做為默示同意的基礎。這種想法認為默示同意擁有適當的基礎，但洛克受到當時政治設定的局限，無法掌握這一點。然而，即使是這樣的提議，顯然也無法獲得接受。我們不能說實際投票是默示同意的基礎，因為不是每個在政治上被視為麻煩的人都能投票。這項提議另一個無法被接受的意涵是，民眾可以藉由拒絕投票來避免政治義務。而這項提議也不認為有權投票是默示同意的基礎。在洛克那個時代，默示同意的理由是事態，而非來自於個人的選擇。但默示同意的基礎必須是行為，而且人們可以選擇做或不做。

默示同意以外的選擇

然而，即使這種想法可以詳論洛克契約論的所有可能，卻不一定能涵蓋以洛克模式爲基礎而衍生出來的契約論。新的洛克式論點認爲，人民有義務遵守某個可能國家的命令，即使這個國家目前仍不存在。這類國家的權威來自於民衆的明示契約同意，而這些同意同時要符合現有的運作慣例。有些國家的部分民衆（在自然狀態下）宣誓效忠，我們可以合理認爲這是一種明示同意的形式。爲什麼我們不把這個條件擴充適用到所有民衆身上？我們何不建立一個以契約同意爲基礎的國家？當然，洛克並未考慮到這種可能性。儘管如此，這也許可以視爲是一種以基本洛克式取向爲基礎的可能變化。因此，我們也許可以認爲，即使我們還無法在任何現有的國家中找到具正當性的權威，但依據洛克提供給我們的基礎，無政府主義應該予以駁斥。

我們可以構想一個組織，這個組織的權威是以所有組織成員的明示契約同意爲基礎。不過，有人會認爲這樣的組織可以不是國家；洛克希望國家扮演的角色內容，這樣的組織也可以充任。

對洛克來說，要邁入市民社會，首先每個人的自然權利要比在自然狀態獲得更多尊重。要做到這點，政治權威必須在某個領域內擁有壟斷性的強制力。如果在某個領域內，每個人可以自由選擇願不願意聽從某個政治權威或保持一己的獨立；或者，更進一步來說，如果人民擁有好幾個政治權威可以選擇，那麼在這些情況下，洛克的理論便留下了某種可能：就算你與其他人締約同意接受單一權威，也不表示你的鄰居會與同一批人締結相同的約。在這種狀況下，自然狀態的「諸多不便」將一直留存在我們身邊。因爲一旦你與鄰居有了爭端，你可能會發現，對方也許選擇不接受任何政治權威，或者是，對方選擇的政治權威與你不同。如此，將沒有公正的權威能爲你們主持公道，或者雙方各自引用權威，相持不下。所以，如果你發現某個政治權威可以實現洛克的目的，那麼就表示在某個領域裡一定只存在單一的政治權威，使得該領域的每一個人都必須臣服於那個權威之下。光靠個人契約同意可以在領域內產生強制力的壟斷，那是極罕見的異數。

羅伯特・諾齊克（Robert Nozick, 1974, 108ff.）曾經設想會有這種狀況，但他認爲某些力量會從中介入，進而產生壟斷的傾向與「宰制的保護團體」。但這種說法無法解決洛克立場引發的難題。洛克設想在自然狀態中未組成團體的個人會直接形成共同體。洛克沒有想過第一個契約無法令人滿意（它無法在某個領域內產生權力的壟斷），隨後必須繼續簽訂別的契約來造成壟斷。

從幾個地方可以看出，洛克確實察覺到個人契約同意的學說有可能造成這種狀況。「任何數量的人都可以做這件事（亦即，締結原初契約），因爲它不會傷害其他人的自由；其他人依然能自行其是，處於自然狀態的自由之中」（II.95）。然而，洛克似乎未發現這種說法與某個條件牴觸，那就是政治權威如果要實現洛克的目的，就必須完全壟斷某個領域內的強制力。洛克因此陷入兩難，他一方面提出建立市民社會的理由，另一方面又堅持具正當性的權威只能以個人同意爲基礎。從既有的論點來看，國家——國家必須在既定的領域內主張壟斷一切的強制權力——不可能藉由個人契約同意來獲取權威。就這方面來看，耐人尋味的是，洛克並未明白表示要把壟斷強制力的觀念與政治權力的定義合而爲一（II.3）。

契約論點是否是多餘的？

我們接下來要討論另一種可能。這個新觀點可以容許洛克嘗試提出的契約論點失效。然而，這個觀點也說，契約論點不管怎麼看都是多餘的。這個觀點認爲，洛克其實可以從他提出的前提直接導出他想要的結論，而毋需使用契約觀念。

這種取向有幾種變化。以下是第一種。假定你與我是自然狀態下唯一的居民。如果（依你的觀點）我違反了自然法，那麼你不需要我的同意，就（有權利）能將自然法施加在我身上。現在，假定有一群人組成一個團體，目的是要更有效地施行自然法。（我們可以假定這群人是透過個人契約同意組成的。假定這群人的數量少於自然法狀態下所有居民的數量。）我（不屬於這個團體）再度違反了（團體眼中的）自然法，而這個團體一致決定將自然法施加在我身上。爲什麼團體不能像一個人一樣，依照權利，毋需我的同意，就將自然法施加在我身上？洛克只需以政府爲例，政府運用人民的集體權力來執行自然法。對於接受自然法施行的人來說，契約同意是不必要的。

根據這個觀點，政府就是一群人一致地施行自然法，其根據在於每個人以個人的身分擁有執行自然法的權力。這類團體依照正當的程序，「劃出」各自的領域，以與其他執行規則的團體的領域相區別。這類團體對他們的「政府」施行自然法給予了默示同意，他們本身並不想以獨立的方式親自行使執行自然法的權力。根據洛克的觀點，個人做出默示同意，這肯定是可允許的。即使你並未以契約方式放棄獨立行使執行自然法的權力，不表示你有義務非得獨立行使執行自然法的權力不可。

洛克在 II.74-6 討論了類似的例子。洛克思考，在什麼樣的狀況下，父親對未成年子女的權威也許可以轉變成政治權威的形式。根據（我們先前看到的）洛克的觀點，孩子成年之後，父親就沒有權利要求孩子服從。儘管如此，對成年子女來說，父親有可能成爲某種形式的「君主」，因爲子女有可能默示同意父親繼續行使執行自然法的權力。洛克認爲這種狀況是正當的，即使成年子女並未將執行自然法的權力移轉給父親。（類似的例子見 II.105）

洛克的確允許一個組織可以在人民未同意的狀況下，對人民施行自然法。在 II.9 中，洛克表示，如果國家懲罰一名犯罪的外國人，那麼當局施加懲罰的權利，並非來自於外國人同意原初契約（原初契約是社會的基礎）。（洛克在這裡似乎認爲，外國人顯然不是市民社會的一員。然而，如果單純處於一國領土之內就足以構成默示同意，那麼「外國人」不是市民社會的成員這個理由就不是那麼明顯。）而且，洛克實際上說的是，當局有權利因爲外國人違反自然法而懲罰外國人，不是因爲外國人已經因爲短期居留而「事實上」成爲市民社會的成員，而是因爲當局在執行自然法的權力時，對外國人擁有這項權利。如果是這種狀況，我們要問，當局在行使權利使用集體力量（如果它只是執行自然法的話）時，何必去考慮個人是否同意放棄執行自然法的權力？

儘管如此，洛克並未採納這項策略做為他的一般國家理論。我們至少可以找到兩個充分的理由來支持他的立場。第一個理由是，這類取向會給予政府不充分的廣泛權利要求人民順從。根據這個觀點，政府沒有「權利」壟斷強制力。但選擇單方面行使執行自然法權力的人卻完全有權利這麼做。沒有人（包括政府）有權利阻止他們。你對自然法內容的判斷，從道德的角度來說，應該與國家的裁決平起平坐。但洛克說：

> 只有在政治社會裡，每個成員才會放棄這個自然權力（亦即，執行自然法的權力），並且將其交給共同體來處理……每個成員的私人判斷全受到排除，由共同體來擔任仲裁者。
>
> （II.87）

我們認為，洛克應該提出更多理由說明國家何以有權利壟斷自然法的執行。即使國家可以脅迫公民接受國家對自然法的詮釋，但這畢竟與國家根據權利來詮釋自然法不同。

少了壟斷強制力的權利，會進一步造成問題，形成兩個彼此競爭的團體爭搶執行自然法的局面。這些團體都主張自己有權，而每一個團體的權利都與其他團體不相上下。這些團體對於自然法的看法也不盡相同。這種情況的惡劣程度，可能比洛克描述的自然狀態還要糟糕，因為在自然狀態裡，頂多只是個人之間的觀點衝突。因此對洛克來說，由國家壟斷自然法的詮釋與執行權利，顯得十分重要。

洛克不採納這項策略的第二個理由是它賦予公民太少的權利。它無法讓政府對公民負有充分而明確的義務。因爲政府並未擁有任何「屬於」人民所有的東西（亦即，人民讓渡了自己執行自然法權力），因此政府並不虧欠人民。根據這個觀點，人民唯一可以制衡政府的是政府有義務執行自然法。

有些評釋者指出，洛克也許自己不願意承認，但他的立場有幾個地方確實與霍布斯相當接近。我們現在討論的就是一個例子。根據霍布斯的說法（Hobbes 1968, 189-90），在自然狀態下，人有權（在霍布斯式的自然法之下）做一切能讓自己生存下去的事。由於每個人在霍布斯式的自然狀態下都擁有這種權利，也由於物資普遍匱乏的緣故，在自然狀態下，人與人的權利不免發生衝突。在自然狀態下，你與我都有權利吃最後一顆蘋果，因爲我們都想活下去。這種情況終將導致戰爭，人民因此需要主權權力的出現。

洛克的立場略有不同，他認爲的自然法其實是一種道德法則。但在洛克式的自然狀態裡，每個人都有權利（在執行自然法的權力之下）將自己的自然法觀點加諸在他人身上。可想而知，各種自然法觀點一定會彼此衝突，這也是必須要有主權權力的主要原因。但是沒有人（在原初契約之前）能壟斷權利，獨斷地施行他所認爲的自然法內容。所以，如果你與我對於自然法如何適用於特定案例存有不同的看法，那麼我們兩人都有權利主張各自的觀點。因此，洛克的立場有可能產生與霍布斯類似的狀況。在自然狀態下，某人的權利可能與另一個人的權利產生衝突，而在自然狀態下，可能無法以和平方式解決這種衝突。

第二個理由也許顯示出洛克不需要契約論點來證明政治權威的正當性。我們之前已經提過，洛克認爲非基礎的自然法與自然權利的基礎是基礎自然法，亦即「應盡可能保存所有人類」（II.16）。更具體的自然法，例如你不能傷害其他無辜者的生命，這些是源自基礎的自然法。洛克顯然認爲，人在擁有具正當性的政府的國家中，要比在自然狀態中更能獲得保存。因此，有人也許會從基礎的自然法直接推論出，每個人都應該脫離自然狀態而進入國家之中，因爲自然法要求我們盡可能保存所有人類。如果這個論點是對的，那麼就不需要每個人同意將自己的執行自然法的權力讓渡給共同體。

有證據顯示，洛克的思想剛開始發展的時候，採取的是這樣的觀點。約翰・鄧恩（Dunn 1984, 31）引用洛克寫於一六七八年的未出版手稿。

> 如果他發現上帝讓他與其他人身處於一種狀態，讓他們沒有社會就無法生存，那麼他難道無法因此斷定，他負有義務，上帝要他遵守規則去保存社會？

這也許暗示洛克認爲不需要個人契約同意，我們也負有直接義務，必須遵守那些爲維護政治社會存在的必要規則。（不過我們必須留意，洛克在這段話裡只是單純提到自然法，不表示他支持加諸在自然法之上的詮釋。）

西蒙斯（Simmons 1992, 62-7）提出一個相關的論點。他舉的例子來自《自然法論》第四論，洛克在文章中說，自然法要求我們應該「獲得以及保存與其他人的社會生活」。這引發了一個疑問，洛克是否認爲我們有義務在政治社會建立之前的自然狀態中過社會生活，或者，洛克是否認爲我們有義務建立政治社會（如果政治社會尚未存在的話）或維護政治社會（如果政治社會已經存在）。如果在自然法之下我們負有直接義務維護政治社會，如果我們發現自己已經身處於市民社會中，那麼這似乎表示產生這項義務的契約是不必要的。西蒙斯（1992, 66）認爲，我們不應該認定洛克在這裡指的「社會」是「政治社會」。然而，對洛克來說，在基礎自然法之下，我們依然有理由組成更特定具體的政治社會或前政治社會，因爲洛克相信具正當性的政治社會更能保存人類。

無論這些段落的文字該怎麼詮釋，至少我們可以確定的是，到了《政府論第二篇》寫成時，洛克已經認爲個人契約同意是他理論中不可或缺的一部分。而他有充分的理由這麼主張。洛克想說明的是，以適當方式設立並且以誠信方式執行自然法的政府，可以擁有「權威」統治民衆。因此，順從國家可以獲得好的結果，這個觀點（即使能找到一些事實來支持）並不能說明國家何以能擁有權威。這是因爲政治權威概念的一項特徵所致。順從能獲得好結果，這種說法無法證明某人或某個團體組織對你擁有權威。它充其量只表示，如果你同意地方暴徒的「要求」，那麼你可以過幾天安穩的日子。但事實上，就算這些暴徒沒有任何眞實權威對你予取予求，你也能過更好的日子。

你不能用順從能獲得好結果來證明某人或某團體對你擁有權威。你必須指出順從的理由或根據。舉例來說，你應徵一份工作，你應該依照經理指示完成任務。爲了證明權威存在，我們必須提出既有的事實——做一些「回顧性」的思考：而不是預期未來，推測可能會得到什麼好結果。洛克提出契約論點，就是爲了要證明權威存在。政治權威的建立，源自於你曾經做過的事（給予默示同意），而非源自於好政府能產生好結果，亦即，好政府能更完善地執行自然法。

政治義務

洛克的契約論點未能成功，深深影響了我們看待國家的方式。（接下來，我們思考國家時，我們將假定國家是「正派的」，不會肆無忌憚侵害人民的權利，也不會爲了特權階級的利益而剝削人民。洛克論點的失敗也讓結果論的論點（民衆因此習慣向國家順從屈服）有了發展空間。從和平與秩序的觀點來看，結果論的理由似乎不見得全無好處，因爲我們天生想避免那些違反亂紀的事：我們遵守法紀，「彷彿」國家擁有權威一樣。不過，嚴格來說，洛克論點的失敗反而使國家「權威」無法獲得可支持的論據，權威可不是光憑一般性的順從就能成立。

這種思考路線也存在著反對聲音，對此我們必須加以說明。假使我們同意政治權威的說法與結果論的論點，那麼爲什麼還要主張政治權威的產生非透過締約不可？我們遵從許多不受我們意志左右的道德義務，例如尊重他人的義務，以及實現自己承諾的義務。這些義務「一直存在著，不因時空更迭而變動」。政治義務何以不是如此？我們爲什麼如此自信地（這種自信來自於社會契約傳統）認爲政治義務是「人爲的」？

想主張國家權威的人還有其他的策略可以選擇——這些策略並不以契約爲訴求。爲了說明這些策略，我們要提出「一般」與「特定」義務的區別，這就像本章前面討論自然法與自然權利時提到的「一般」與「特定」自然權利的區別。一般義務的一個例子是尊重他人身體完整的義務。這是每個人都要遵守的義務，除非有特別的考量（例如擊退他人的攻擊）。遵守這項義務並不是什麼特殊的事，任何正常人都該這麼做。特定義務是在遭遇特定狀況或事件時才產生的義務。身爲一個人，特定義務並不是你平常該負的義務。

特定義務可以分成幾種，其中一種是自願義務。這些義務來自於你決定做出的保證、承諾與契約。你負有義務，必須在兩點到那裡，因爲你答應某人你兩點會到那裡，這是特定的、自願的義務。特定義務也包括非自願義務。這類義務源自於你生活上的特定狀況，但不是來自於（例如承諾）你可以選擇與決定是否發生的狀況。特定的、非自願義務的一個例子是，受父母愛護照顧的孩子，有義務向父母表達感謝。

如果我的說法是對的，那麼就表示洛克並未證明（甚至不用指望他能證明）遵從國家的義務是一種特定的自願義務。然而，假定我已充分列出所有的義務種類，那麼這麼做至少表示我們還有其他兩種選擇。首先，遵從政治權威的義務是一般義務。契約傳統的基礎假定認爲，遵從國家的義務（假如國家存在的話）是特定義務。但這一點並不是一眼就能看出。

以下我們將說明這項義務必定是特定義務的理由，然而這些理由不見得令人滿意。有人認爲，如果存在遵從國家的義務，那麼這項義務並非所有人與所有時間都要擔負。因爲人們有時會面臨沒有明確建立的政治權威的狀況：例如內戰或市民權威崩解的時刻。但這不表示不存在遵從政治權威的一般義務。因爲在其他一般義務的例子裡，民眾面臨的狀況是，義務並未要求他們做出特定的行爲或給予特定的限制。舉例來說，魯賓遜負有尊重他人身體完整的一般義務，但在遇到星期五之前，他不需要依照這項義務做出任何特定行爲。同樣地，遵從政治權威的一般義務不一定非得做出某種特定行爲不可。

有人認爲，就個人對特定政治權威負有義務來看，政治義務（如果政治義務存在的話）是特定的。舉例來說，一名英格蘭人，如果他負有政治義務，那麼他對議會中的女王負有政治義務。（這表示，造訪國外時，負有遵守外國法律的義務，與在國內負有遵守本國法律的義務，兩種義務是不同。）就算這種說法是對，也不表示這項義務是特定的；亦即，因遭遇特定狀況才產生義務。還有一種狀況，義務是一般的，但可能只由特定人擔負。舉例來說，有人惹你生氣，但基於尊重他人身體完整的義務，你不能出手打他。因此，國家權威的建立仍有可能立基於適當的一般義務上。只不過我一時間無法想出這個一般義務會是什麼。

接下來我們討論之前提過的第二種選擇。政治義務也許是一種「非自願的」特定義務。我們相信，我們因爲人生的某些特定過程而產生了某些義務，儘管這些過程我們無法避免的。舉例來說，我們有義務協助曾經撫育我們的年長親戚。因此，我們可以這麼說，有些義務的基礎來自於感謝。值得一提的是，這個論點「不是」契約論點，因爲這個論點所提的義務，不是指人在有選擇的狀況下自己所招致的義務。

由於這個論點不是洛克提出的，因此不適合在此多做說明。[2]簡單地說，我認爲以這個論點做爲政治義務的來源，有四個困難。

1. 國家主張在其領土之內擁有普世權威。但是，在國家領土之內，並非所有人都會產生政治義務。舉例來說，有人從小在他國領土內出生長大，最近才來到這個國家。
2. 基於感謝而產生義務，這表示在此之前你一定獲得一些利益。我們能說，在一國領土內的人，理所當然從國家獲得一些好處嗎？街上的流浪漢從國家獲得好處了嗎？這個論點以國家做到最小限度的正義爲原則，但國家要讓領土內每一個人都獲得好處，似乎是不可能的事。
3. 從這個論點來看，沒有人理所當然負有義務，除非特定的個人過去曾與國家有所連結。因此，感謝的論點無法解釋「準義務」，但我的取徑卻能做出解釋。舉例來說，二戰結束後，一名在德國境內的德國人，他是個自由派民主主義者。占領軍想在西德境內建立自由民主政府。如果以國家與個人的結合爲根據，那麼這個人顯然沒有義務遵從新政府，因爲跟他有結合關係的是第三帝國，而第三帝國早已消滅。但是我們依然可以合理要求他負有遵從義務，「彷彿」這個新自由民主政府眞的擁有權威一樣。而我們考慮的前提是這個正派的政府可以帶來光明的前景。
4. 在一般的情況下，如果我們承認感謝義務確實存在，那麼感謝該如何表達，當中也充滿不確定性。假設你承認你負有感謝義務，那麼你還是可以選擇各種不同的方式來感謝年長的親戚。但國家卻會明定你該如何表達感謝，那就是遵從它。

結論

洛克論點的失敗，顯示國家——假定國家的施政均屬正確，運作都令人滿意——其實只是一種功能性組織。我們對國家所下的判斷，以及根據這些判斷產生的遵從習慣，這一切都以國家能否實現民眾追求的目標來決定。因此，洛克雖然無法成功將政治權威建立在個人契約同意之上，但他的努力並非一無所獲。他的失敗讓我們了解如何正確地看待民眾與國家的關係。恰當地說，我們了解政治權威並不存在。我們應該思考的是該用什麼理由來「假設」國家具有權威，而我們如何做出應有的行爲。

關於這個論點，我們在此可以做出適當的結論，但我們可以再討論另一種觀點，這個觀點也可以讓我們得出相同的結論。同意國家具有權威，事實上等於同意國家具有道德權威。因爲相信自己負有政治義務，等於相信自己在所處的政治領域內負有從事某種行爲的道德義務。政治義務是道德義務的一種，正如親子義務是道德義務的一種。如果你認爲自己對某個政治權威負有政治義務，那麼你從一開始就會依照政治權威所指示的去做，你不會考慮武力威脅或懲罰等理由，儘管國家確實可以利用這些手段逼你就範。

因此，同意國家具有權威，等於同意自己負有道德義務，必須遵從國家的指示。道德義務並未給予你自主的權限，讓你自由選擇是否該擔負義務。（道德義務可能會給予你裁量的權限，你可以選擇用什麼方法在什麼時候履行義務。你可以選擇今日履行，也可以選擇明日履行。但道德義務並未給予你自由選擇是否履行的權限。你沒有道德自由。當然，你還是可以選擇不履行道德義務，只是你沒有權限這麼做。）如果我們剛剛提出的論點是正確的，那麼在相反的情況下，公民「確實」有道德自主權限來決定是否遵從國家是合理的。此時，這些公民的立場（即使他們決定遵從）就與遵從道德義務的公民的立場大不相同。

這種人民與國家之間關係的觀點，對於當前「主權讓渡」問題的討論，產生了一定程度的影響。例如目前討論熱烈的歐盟內各國政府如何將其職權讓渡給歐盟的中央機構。有些人對於這種「原則」（亦即，毫不考慮每個個案可能產生的利與不利）讓渡充滿怨言，他們想像民族國家擁有權威，然而他們的想像方式已被我提出的論點所否決。這些人想像民族國家的權威建立在回顧式的思考上。然而事實上，如果某些活動由歐盟中央機構執行要比交給各國政府執行來得好，那麼「原則」上就沒有理由反對這類讓渡——反對者往往以政治權威做爲反對的藉口。民族國家的權威基礎絕不可能優於歐盟機構的權威基礎（前提是後者的職權管理機能要比前者來得有效）。

我們還可以再討論另一種說法。假設有某個政府體系「事實上」擁有幾近壟斷的執行自然法權力，假設該國實際執行權力時，絕大部分的案例都能合乎對自然法的合理詮釋。現在，該國有些民衆遵循我剛剛提出的思考路線，並且提出下列反思：「國家執行的自然法觀點，其內容合情合理。儘管如此，有時我們對於自然法會提出不同的看法，我們看不出國家有任何『權威』可以要求我們接受它的觀點。因此，對於國家在某些案例做出與我們不同的詮釋，我們將不予以遵循。」以下是對這項反思所做的恰當回應：「你們的態度很容易造成混亂。如果只有

『單一』的自然法觀點供大家遵循，對每個人來說都有利。我們承認國家缺乏權威，但考慮到其他人的利益，你們應該停止行使這樣的權利。如果堅持行使不接受權威的權利，對於其他人（這些幾乎都願意接受國家對自然法的詮釋）來說將會是一種不體恤的行為。」

行使自己的權利是合理的，但基於道德義務，有時也應該避免以某種方式或在某種狀況下行使自己的權利。舉例來說，你有權不把梯子借給鄰居（因為那是你的梯子）。但是，如果你的鄰居需要梯子來拯救自己的孩子脫離危難，那麼你（在道德上）就不應該行使權利不借給鄰居。同樣的道理，我認為應該遵從國家對自然法所做的詮釋（前提是詮釋必須合理）。這種說法帶有強烈的結果論傾向，但嚴格來說，這並不影響國家缺乏權威的論點。

洛克未能透過社會契約來說明國家具有正當性的權威。但嚴格來說，或許根本沒有任何方法可以證明國家具有權威。雖然洛克的論點無法在哲學層次上證出自己想要的結果，但並不表示它毫無價值。洛克的分析提供了重要的洞見，使我們更深刻理解國家的結構與政治權力的性質。洛克的論點告訴我們，試圖為國家權威尋找理由是錯誤的。我們需要的是一個合理的根據，讓我們願意接受（正派）國家的要求。

第三章　叛亂

導論：什麼是叛亂？

我們接下來思考洛克所主張的，叛亂可以有正當理由。在上一章，我們認爲洛克對國家的分析說明了政治權威的本質，但終究來說，他的說明並不成功，因爲他未能提供政治權威成立的正當性。在本章中，我們將看到洛克對叛亂的說明將是較爲直接而成功的，事實上，他的解釋絕大部分到今日仍爲我們所信從。

我之前已經提過，洛克撰寫《政府論第二篇》的主旨，是爲了尋找叛亂的正當理由。洛克提出國家獲得眞正權威的方式，這種說法在當時的人看來已不是什麼値得大驚小怪的概念。眞正引人注目的是，洛克認爲國家擁有正當性的權威，其背後的理由（當國家滿足某些條件時），也可以證成叛亂的正當性（也就是國家未能滿足某些條件時）。宮廷黨（或托利黨）宣稱，如果你試圖讓叛亂合理化，你將會顚覆政府正當性的基礎。然而洛克認爲恰恰相反，具正當性的政府，其基礎在適當條件下也能充當合理的叛亂理由。

爲什麼討論洛克的政治哲學時，叛亂理論相對受到忽視，一般總是將目光集中在政治義務理論與私有財產上面？畢竟，就我所知，沒有任何評論者認爲洛克作品中討論政治義務與私有財產的部分是成功的，因爲洛克到最後未能得出他想要的結論。對於這個問題，我無法提出解答，但我可以提供兩項推測。洛克想找出爲了反對政府而發動全面性武裝叛亂的合理理由。然而，武裝叛亂似乎不是絕大多數盎格魯撒克遜國家政治生態的常態。美國從南北戰爭後就不再有武裝叛亂，英國從洛克時代之後，也從未發生過類似事件。因此，洛克的叛亂理論似乎與盎格魯撒克遜的政治生態格格不入，但反過來說，它卻與俄羅斯的政治生態較為貼近。

盎格魯撒克遜政治生態比較常見的應該是公民不服從。故意違背法律來推動他們認為公義的運動，這類例子如美國的民權運動與反戰示威遊行，英國的普選運動與近來發生的英格蘭人頭稅暴動。就盎格魯撒克遜的政治理論來看，反法律或法外的政治活動，通常被視為公民不服從，而非革命。在《正義論》中，羅爾斯討論了公民不服從（Rawls 1972, Chapter VI），但他從未提到革命，也未提到國家在明顯不義下為全面革命提供了舞台。與此相反，洛克反倒從未討論過溫和的公民不服從。公民不服從雖然與違反法律有關，但並未阻礙政府行政或推翻政府，而洛克討論的是全面性的武裝革命。不過，以洛克的觀點來看，如果政府仍具有正當性，那麼他很有可能反對公民不服從政府。

洛克叛亂理論相對受到忽視還有另一個原因，那就是當時英國統治階級意識形態的影響。民族主義右翼人士帶有一定的自豪，他們刻意與歐陸的政治傳統保持距離，並且提出誇大的主張，強調英國政治生態的穩定與持續。如果承認最偉大的英國政治思想家在理論與實踐上傾向於革命，就無法與他們支持的想法相合。

什麼是政治革命？政治革命與兩個主要領域的變動有關：統治者，以及產生政治過程的制度結構。在革命中，掌握實際政治權力的人出現更動，而這些人從既有的政治實踐與政治共同體制度來看，不具有正當性。首先出現變化的是統治者，之後，在正常的狀況下，政治制度也會跟著出現形式的變化。這種變化將由某種政治過程所引發，而這種政治過程就舊政治形式來看，也同樣不具有正當性。然而，革命份子也會試著讓變化合於傳統政治過程，使其具正當性。詹姆斯二世遭到推翻，以及威廉與瑪麗的繼承王位，就是一個例子。而與這種一般性的革命論述一致的例子有一六四〇年代的英格蘭革命、一七八九年的法國大革命與一九一七年的布爾什維克革命。

改變算不算是革命，其關鍵在於是不是依照現行的政治共同體制度來進行改變。統治者在階級、國籍或宗教上的變化，也許引人注目，而且通常會被稱為是「革命」，但實際上這種變化並非本書關切的重點。舉例來說，一九四五年艾德禮成為英國首相，這也許可以稱為「革命」，因為統治者的社會出身出現很大的變化，是英國過去政治生態沒有過的。但這種革命不是本書所關切的，因為艾德禮的政府是經由政治共同體正規的憲政程序選舉產生的。同樣的道理也可以用來說明艾德禮政府推動的政策。同樣地，憲政程序本身的變化，雖然牽一髮而動全身，但如果變化的過程是依照現行的憲政程序進行，那麼即便變化程度很大，依然不算本書所說的「革命」。假設出現一個立場激進的英國政府，該政府是透過現行的選舉制度產生，然而卻打算引進現代的選舉制度來產生下議院，並且準備要廢除上議院與君主制，同時引進成文憲法。無疑地，從英國政治生態來看，這種做法可以稱為「革命」。但是，如果這個過程的每一步都依照英國現行的政治程序來處理，那麼這樣的過程就具有正當性（舉例來說，如果君主制的廢除經由兩院投票通過，也得到王室的同意），也就不是本書要討論的革命。

洛克對於合理叛亂所設的條件

洛克的合理叛亂理論，是以他的國家理論爲基礎。國家理論是洛克理論的核心，我們在上一章已做了介紹。假定一開始的狀況是——根據洛克的說法——政府有統治的正當性，因此民衆有服從的義務。狀況要出現什麼變化，才會讓政府失去正當性，民衆因此在道德上有理由反抗政府，甚至必要的話可以推翻政府？

首先，我們應該提醒自己，在洛克的觀點裡，叛亂是什麼。一個具正當性的政府（也就是說，一群合法擁有政治權力的人）要滿足兩個條件。首先，根據他們身處的政治社會的憲法，這群人是掌握政治職位的適當人選。舉例來說，他們是根據憲政程序選舉出來的。其次，民衆全體（洛克稱之爲「共同體」）持續委託憲政體制。少了政治共同體的委託，憲政體制就缺乏正當性。因此，當共同體的大多數人收回他們的委託，使憲政體制以及依據憲政體制握有權力的人失去正當性時，叛亂的條件便產生了。如果這時候握有政治權力的人不願下台，仍想憑藉武力戀棧職位，那麼就有可能產生叛亂或革命。嚴格來說，依照洛克的觀點，在這種狀況下並不是人民背叛政府，因爲原本握有權威的人已經「不是」人民的政府。而毋寧說是原先的統治者背叛了人民，因爲他們想用武力保有已經不屬於他們的東西（II.226-8）。

這可說是洛克提出的叛亂基本類型。舉例來說，一七七〇年代美洲殖民地居民對於英國殖民政府存在著叛亂的理由。殖民地居民希望放棄現行的政府形式，換成另一種政府形式。查理二世與詹姆斯二世的例子則與殖民地不同，洛克並非對現行的英國憲政體制不滿，而是對於這兩名國王的行爲（明顯違背國家的體制）不滿。官方輝格黨的觀點認爲，威廉與瑪麗取代詹姆斯二世是在現行體制下進行的。這種曖昧的說法，可以在洛克《政府論》（II.226）一開頭看到，洛克認爲背叛的是不具正當性的政府，而非人民。洛克說：

當立法者侵犯人民的財產，從而違背了他們所受的委託時，人民有權建立新的立法機構，重新保障自己的安全。這種權力學說是防範叛亂的最佳藩籬，是阻止叛亂最有效的手段。

「新的立法機構」相當曖昧兩可，它也許是指「在現行體制下選出新的一批人（與先前那批人完全不同）」，也可能是指「人民重新委託權力給新的體制，並且在新體制下選出新的一批人（與先前那批人不同）」。然而，洛克寫的這三節文字（亦即 II.226-8）並未釐清他的立場，而他很可能是故意保持曖昧不明。因爲洛克在寫作當時不確定他面臨的政治處境是否能以新教君主搭配議會憲政的形式來解決（日後確實是靠著這個方式解決了），也不確定是否必須對體制進行激進的變動。

從洛克的作品中，我們整理出幾個支持合理叛亂的一般論點。我簡要說明如下。

（一）政府無法執行自然法

如果政府無法執行自然法，那麼它就提供了民眾叛亂的理由。無法執行自然法主要以兩種形式呈現。

1.政府實際執行的政策直接違背了自然法。舉例來說，一九四〇年代德國納粹政府的種族滅絕政策。根據洛克的國家理論（上一章已略做說明），政府做出這種事將失去正當性。共同體唯一能委託給政府的權力，就是執行所有人民的自然法權力。從定義來看，這裡的權力只有執行自然法的權力（II.135）。政府沒有權力獨斷專行，因為在自然狀態中，沒有人有權利這麼做，而政府的權力是來自於人民。洛克知道，由於官員的腐敗與制度運作的不完美，國家或多或少會輕微地違反自然法。例如，誤將無辜的民眾關進牢裡。但洛克不認為只要政府犯點小錯就構成叛亂的理由。如洛克在 II.225 所言，「不是公共事務管理上出一點小失誤就能引發革命」。（II.219）。

2.比較罕見的理由是，未能執行自然法可能是持續嘗試卻徒勞無功，而非出於惡意（II.201）。

這兩種叛亂的理由原則上在任何政府形式下都有可能出現，包括寡頭與民主，以及君主制

（二）政府無法增進共同善

政府如果無法增進公共或共同善，那麼民眾就有了叛亂的理由（II.131）。在 II.3，洛克把政治權力定義爲僅能爲公共善立法的權利。我們不清楚洛克所謂的共同善或公共善指的是什麼。一種可能的說法是，爲共同善而統治，就是有效執行自然法的權力；亦即，救濟自然狀態的「諸多不便」，而這也是訂定原初契約的人的用意。這種觀點表現在 II.131 這段話上：

> 社會的權力或人們組成的立法機關的權力，絕不能超過共同善的需要；它必須防止前面提到的使自然狀態不安全與不舒適的三個缺陷，以保護每個人的財產。

如果政府在這個意義上增進了共同善，那麼它就有效地執行了每個人的權利。洛克認爲，政府可以保障民眾的「財產」（II.94, 124, 139, 171），因爲在這個脈絡下，洛克認爲一個人的「財產」指的是他的生命、自由與地產（II.87, 123, 173）；也就是說，一切他擁有權利的東西。洛克在這裡使用的是廣義的「財產」。洛克不認爲政府的唯一或主要目的僅限於保護人民擁有財產的權利。

到目前爲止，第二項論點並未超越第一項論點的範圍。不過，洛克的公共善概念還隱含著更深入的觀念：保存整個社會，維護整個社會的安全。執行自然法當然是爲了保存社會裡的成員，但洛克似乎認爲，政府爲了保存社會，有時會做出保存社會以外的事。洛克曾經舉例說明某些「特權」具有正當性：爲了防止火勢蔓延，因此不得不拆毀民房（II.160）。這麼做已經不是執行自然法。相反地，光從表面來看，這是違反自然法，因爲這麼做破壞了人們的財產。然而，就共同善或公共善來看，這麼做卻有合理的理由。政府做這件事，其權利來自於執行自然法權力以外的權力，而這項權力在締結原初契約時也移轉給了共同體。（上一章我們並未提到這項額外權力，主要是爲了避免讓論述過於複雜。）這項額外權力是自然狀態中個人擁有的權力，「在自然法允許的範圍內，個人可以爲了保存自己與他人的生命，而做出任何符合此一目的的行爲」（II.128）。洛克在這方面的公共善概念主要呈現在 II.135。「他們的權力最大限度也不能超越社會的公共善。這種權力只有一個目的，那就是保存。」

附帶一提，洛克顯然不是個「小政府主義者」。政府有增進共同善的義務，而且範圍不僅限於執行自然法的權力。

（三）政府失去委託

政府是基於共同體大多數人的委託，才能行使執行自然法的權力（II.149）。如果政府失去大多數人態度上的同意，就失去了正當性。儘管民眾有權利抵抗，但在必要的時候，政府是否應動用武力讓民眾就範？近年來，這類型的叛亂例證可以在羅馬尼亞與前東德看到。

政府如果企圖將權力移轉給其他權威，那麼政府也會失去正當性，這也構成叛亂的條件；舉例來說，把權力移交給外國政府。當人民把權力委託給特定權威時，該權威沒有權利將人民移轉給它的權力交給其他權威，除非它獲得人民的同意。權力不屬於政府而屬於人民，政府不能隨心所欲地處分權力（II.217）。（這裡，洛克心裡想到的是查理二世的例子，查理二世允許——事實上是鼓吹——英國政府接受法王路易十四的控制。）同樣地，具正當性的政府，其權力如果遭到篡奪（舉例來說，一場成功的政變），民眾就有理由抵抗篡奪者，因爲人民並未同意將權力交給篡奪者（II.197, 198, 199）。當然，合理抵抗的前提在於政變是由少數人發起，缺乏大多數民眾的支持。

（四）政府的行動超越了實定法的限制

最後，洛克認爲政府的行動必須依據既有的實定法以及政治共同體現行的憲政慣例（II.136, 200, 202）。每一個具正當性的政治權威，其體制的構成不盡相同。舉例來說，有些政治權威屬於寡頭體制，有些屬於民主體制（II.132）。不過，雖然體制不同，這些具正當性的政治權威仍有共通點：例如，它們都尊重自然法。不過洛克也允許特權這種例外的存在，這一點先前已經提過。而有人可能認爲，洛克把特權的行使視爲憲政慣例的一環。政府違反實定法的一個迫切例證就是查理二世企圖阻止國會召開。洛克也認爲，除非國會授權，否則政府不能違反實定法強徵人民財產（II.138-40）。

洛克的條件如何適用？

以上是洛克認為的合理叛亂的基本條件。洛克也提到其他條件，不過多半是從第四項論點衍生出來，還有一些則是洛克認為英國憲政慣例所容許的。在接下來的討論中，我把重點放在第三項論點（態度上的同意）與其他論點的差異上。其他三個論點並不把民眾的「態度」放在核心地位。舉例來說，其他三個論點重視的是自然法若遭到違反，則人民可以抵抗。但第三個論點則是以大多數民眾對政府的態度為依歸。有兩種情況特別能凸顯這層差異，而這對我們接下來的討論頗為重要。

1. 政府有可能無法滿足執行自然法的要求，舉例來說，政府本身違反了某些民眾的自然權利。然而儘管如此，這個政府仍有可能獲得大多數民眾態度上的同意，因此能延續民眾對他的委託。某方面來說，納粹德國似乎提供了這樣的例子；當然，我們很難說明政府在什麼狀況下能稱為獲得（在非強制之下）大多數人的支持。
2. 另一種可能性是即使政府「確實」執行了自然法與增進了共同善，但政府仍因為失去了大多數人的同意，而無法延續民眾的委託。政府有可能因為宗教、種族或階級成分而不受大多數民眾歡迎，即使這個政府並未出現（一）、（二）或（四）這三項的叛亂理由。

有些可能性洛克似乎沒有仔細考慮，例如出現了（一）、（二）或（四）這三項叛亂理由，卻不合乎（三）；或者，出現了（三）這項叛亂理由，卻不合乎（一）、（二）或（四）。有一項例外，需要簡單地加以討論，洛克似乎認爲這些叛亂條件會同時出現。如果政府無法執行自然法或增進共同善，那麼這個政府就會失去大多數民衆的同意。如果政府失去大多數民衆的同意，那麼這個政府一定合乎（一）、（二）或（四）其中一個或多個叛亂條件。

洛克爲什麼對於他理論上的困難未投以更多關注？我的推測是，洛克假定大多數人在給予或撤回態度上的同意時是「理性的」（在這個脈絡下洛克對理性的理解應該是「實踐上的理性」）。在 II.163 中，洛克提到「理性生物的社會」。或許，洛克認爲大多數民衆如果察覺政府顯然無法執行自然法，那麼他們將會停止給予同意。同樣的道理，大多數民衆不會爲了「微不足道」的理由而撤回同意：亦即，與自然法或共同善無關的理由。洛克的假定當然遭受到傳統政治理論的批評。傳統政治理論重視政治上所謂「非理性」的重要性：也就是說，地點位置、風俗習慣、國籍、種族與宗教，這些都比「理性」思考來得重要。此外，洛克無法預見到現代極權國家有能力蒙蔽自己的人民，不讓他們知道發生了什麼恐怖的事，因爲在洛克那個時代，國家還不具有現代的能力，可以控制通訊工具。

儘管如此，我們還是可以向洛克提出這樣的問題，且不失適當：如果政府無法執行自然法，卻獲得大多數民衆的同意；或者，如果政府能執行自然法，卻未獲得大多數民衆的同意呢？我的看法是，如果一定要洛克回答，那麼他會說（三），也就是獲得大多數民衆的同意，要比其他三個理由來得重要。即使（一）、（二）與（四）都成立，如果（三）不成立，則仍不構成可以叛亂的理由。在這種說法背後，洛克採取的可能是這樣的思路。（一）、（二）與（四）這三個理由，一般來說總是針對特定的狀況。我們無法預期每個人都會同意這些理由，但對政府的正當性來說，共同觀點的達成極爲重要。所以，我們需要一個決策過程。但這個過程是什麼？當然不是政府本身的過程，因爲我們現在質疑的正是政府正當性的問題。如果由政府自己判斷有沒有正當性，無疑地，政府一定會下有利於自己的判斷。所以這種解決問題的方式「事實上」會讓所有合理的叛亂無法成立。但是，訴諸個別民衆的良心也無法令人滿意。如果允許個別民衆以違反良知爲理由，不遵守政府的命令，那麼我們等於免除了個別民衆遵守法律（即使他不喜歡那個法律）的道德義務。洛克在 II.97 提到這點。因此，適當的決策過程似乎牽涉到共同體的大多數。這可以避免前述兩種方法的問題。

「共同體」這個詞彙，在洛克政治理論的脈絡下，具有特定的意義，這一點在上一章已經提過（見〈共同體的形成〉一節）。「共同體」是由一群人訂定契約，以讓渡自己執行自然法的權力給團體控制爲基礎，結合成一個團體。共同體的權力掌握在共同體手中，直到權力被委託給共同體選擇的政府形式爲止。如果委託終止，權力就必須返還給共同體。

值得一提的是，在這一點上，洛克與霍布斯有很大的差別。霍布斯否認有反抗主權者的叛亂權利（Hobbes 1968, 229: *Leviathan*, Part II, Chapter 18），不過他允許個人在主權者要殺他時進行反抗（Hobbes 1968, 269: *Leviathan*, Part II, Chapter 21）。此外，除了擁有最高權力的共和國外，霍布斯並未給予任何政治團體形式存在的空間。洛克認爲叛亂有時是合理的，這個說法成立的前提，在於「共同體」觀念的引進。共同體觀念可以避免個人因訴諸過強的良知權利而摧毀遵守國家法令的道德義務，此外，共同體觀念也能防止國家球員兼裁判，而完全忽視了民眾的權利。

這個詮釋的實質證據可見諸 II.230。

誰也不能這樣認爲，只要有一個多事的人或好惹事生非的人希望隨心所欲地經常改變政府，禍害就會經常產生。誠然，這種人會隨時任意煽動作亂，但他們這麼做只會自招毀滅。因爲，除非統治者造成的禍害已經很普遍，他們的惡意已經很明顯，或他們的企圖已經被多數人民感受到，否則，寧可忍受而不願反抗來爲自己討回公道的人民，一般是不會起而反抗的。個別的不公義，或發生在某個地方的壓迫，並不會使民眾產生行動。然而，如果他們基於明顯的證據，普遍地相信統治者正準備實施侵犯他們權利的計畫，而事態的整體發展與趨勢又使他們不得不強烈懷疑統治者的邪惡意圖，那麼誰應該爲此負起責任呢？

這個詮釋更進一步的證據在 II.240。

誰來判斷君主或立法者的行爲是否違背民眾的委託？……對此我的回答是：人民應該是裁判者。因爲受託人或代表的行爲是否適當與合乎對他的委託，除了委託人外，還有誰應該是裁判者呢？當受託人無法履行責任，授權給他的人當有權撤換他。

因此，關於洛克的論點，最合理的詮釋是，如果政府出現一個或多個（一）、（二）或（四）的條件，但並未出現（三），那麼政府依然有正當性。洛克其實並不像一般所想的那麼傾向於個人主義。締結原初契約之後，個人放棄了對政府單方面進行抵抗的權利，而將這個權利讓渡給共同體的大多數人。

從另一個更深入的面向來看，也能證明洛克的理論不如一般人所想的傾向個人主義。到目前爲止，洛克並未對以下兩種觀點做出區別，一種觀點是反抗政府是可允許的，但反抗政府並非義務；另一種更強烈的觀點是反抗政府是一種義務。對洛克來說，只要大多數人撤回同意，那麼現行的政府將失去正當性。如果這個時候政府仍試圖保有權力，那麼每個人在原初契約的束縛下，都應起而抵抗：無論你是不是大多數人，你都必須這麼做。如果大多數人並未撤回委託，那麼你就不能抵抗。反過來說，如果大多數人撤回委託，那麼你就必須抵抗。這裡對洛克立場所做的陳述，主要是從洛克的說法推論來的。就我所知，洛克自己並未明白陳述過這個觀點。

這裡所概述的洛克立場，是我透過推論得出的，我認爲洛克有這種觀點是非常合理的。但我也要承認，在洛克的作品中，確實存在著與這個觀點相左的看法。一個明顯的反證是II.168。

> 如果人民的集體**或任何個人**被剝奪了權利，或處於不依據權利而行使的權利支配下，在人世間又無從上告申訴，那麼每逢他們處理這個十分重要的案子時，就有權利訴諸上天。（粗體

字爲作者所加。）

這段話似乎暗示，個人擁有單方面進行抵抗的權利。然而，這段陳述並未獲得確認，如果我們繼續讀下去，那麼這一節的末尾又再度肯定了多數決的判準。

大家不要以爲這樣就會埋下混亂的根源：因爲這種抵抗的權利，非到禍害大到讓大多數人都已感受到與無可忍耐，並且認爲有加以導正的必要時，是不會行使的。

顯然，洛克的意思是，個人的權利遭到剝奪，可以做爲大多數人撤回同意的充分「條件」，但除非個案說服大多數人撤回同意，否則沒有人有「權利」抵抗。

還有一段話可能與這個觀點發生衝突，如 II.208：

如果行政長官（透過他擁有的權力）持續進行不法行爲，並且使用相同的權力阻止民眾根據法律取得應有的救濟，那麼，即使對這種明顯的暴政行爲行使抵抗的權利，也不至於突然或輕易地擾亂政府。因爲，如果這只涉及某些私人的案件，縱使他們有權進行自衛或以武力奪回他們被非法武力奪取的東西，但可以這麼做的權利不會讓民眾輕易冒險做必死的鬥爭。如果一般民眾不認爲事情跟他們有關，那麼個別或少數被壓迫者就不可能動搖政府，正如一個狂暴的瘋子或一個亢奮且憤憤不平的人不可能推翻一個穩固的國家一樣，民眾不可能輕易隨這兩者起舞。

在此，洛克清楚地表示，對於法律救濟程序受阻的人來說，是有權利進行武力抵抗的。但這個抵抗權事實上不可能導致叛亂，如果大多數人都不關切此事，那麼少數人的抵抗只是徒勞無功。這聽起來有點奇怪，洛克一方面認為個人有權抵抗行政長官，另一方面又說不行使這項權利也能令人感到滿意。我們可以回想 II.7 那段話，會發現洛克的說法並無矛盾，他說，如果沒有人有權力執行法律，那麼法律只是空文。我們可以這麼解釋洛克的觀點，使其前後一致：個人在遭遇這樣的事件時，除非獲得大多數人的支持，否則他並不擁有抵抗的權利。當然，如果支持你的人寥寥無幾，在這種狀況下進行抵抗顯然愚不可及。不過這裡的重點是你有進行抵抗的「權利」。同樣地，即使獲得大多數人的支持，在政府擁有坦克的狀況下，抵抗也是愚蠢的，但這不影響你擁有權利的事實。

洛克對叛亂的立場是否合理？

要思考洛克立場的合理性，我們必須從當時的觀點看起，我們要檢視洛克的立場在不同狀況下是否合理。

1. 洛克的立場是允許抵抗（包括由共同體大多數人發起的武力抵抗），但前提是多數人撤回委託。因此，洛克的立場似乎暗示，一些大革命，例如一六四〇年代的英格蘭革命與一七八九年的法國革命，都具有合理理由。我沒有加上美國獨立革命是基於以下這個原因：洛克所說的具合理理由的叛亂是以特定政治「共同體」的構成毫無爭議爲前提。以美國獨立革命來說，這邊的爭議（以洛克的觀點來看）在於是否真的存在兩個獨立的政治共同體，由於難以得出明確的答案，因此也就無法判斷美洲殖民地的抵抗是否合理。

洛克認爲，「誰」是政治共同體的成員並非重點。根據洛克的說法，「誰」是政治共同體的成員早已因爲個人選擇加入哪個國家而決定了。因此，洛克的合理叛亂理論無法說明一個團體尋求民族自治的狀況，而重點是「將會有多少政治共同體？」在這種狀況下，既有的政府會振振有詞地認爲自己獲得大多數民衆（政府認爲這些民衆屬於共同體）的支持；亦即，他們是整個民族國家的政府。但叛軍也可以提出理由，認爲自己才是共同體裡的多數，而身爲多數的他們並不同意政府。（舉例來說，我們可以思考蘇格蘭獨立的支持者與持續支持聯合王國的人士的立場。）洛克的理論似乎無法適用在這種狀況。洛克想合理說明叛亂，但他的理論似乎適用範圍有著嚴重限制。

2. 洛克認爲，如果大多數人希望繼續委託，那麼少數人就沒有抵抗的權利，無論他們使用的是武力或非暴力手段。這裡有兩個有趣的例子。我們懷疑，洛克是否真的認爲如果大多數人未撤回委託，那麼即使政府違反某些民衆的權利，民衆也不能以武力，甚至也不能用非暴力手段來抵抗政府。我們也懷疑，洛克是否真的同意少數人可以用非暴力抵抗的手段來喚起大多數人的注意，以改正不正義。也就是說，洛克似乎不認同羅爾斯所支持的公民不服從（Rawls 1972, 371-7）。然而，我們在考慮這些例子時還需要連帶思考另一個條件，那就是洛克在談到抵抗這件事時，總是放在意圖推翻政府的脈絡下來談。

我們認爲，洛克對於革命所抱持的立場，其問題不在於對抵抗的限制太寬，而在於對抵抗的限制太嚴。如果少數人的權利遭受政府有系統地侵害，那麼只要大多數人不撤回對政府的委託，少數人就沒有權利發動抵抗。對現代讀者來說，洛克的合理叛亂理論令人憂慮的地方在於，他賦予共同體大多數人過高的重要性，使個人的良知遭受打壓。的確，個人良知的重要，表現在大多數人的意見是由共同體個人的意見所構成的。但是，如果共同體大多數人並未撤回委託，那麼個人就沒有權利單方面地進行反抗。我們感到困惑的是，洛克是否有具說服力的例子可以支持他的理論，使他認爲大多數人的意志具有決定性的地位。

洛克立論的根據在於，當民衆（契約上）同意原初契約時，就已經把自己執行自然法的權力讓渡給共同體。一旦你這麼做，就表示你願意接受共同體大多數人的決定，將權力委託出去。爲什麼你對原初契約的同意，會等同於同意共同體大多數人的權力委託？理性的民衆讓渡執行自然法的權力，目的是爲了解決自然狀態的「諸多不便」。一個理性的人會爲了這個目的做出必要的行動。現在，自然狀態的「諸多不便」只有在國家符合民衆的意志時才能獲得解決。你預期自己接受自然法的共同詮釋與執行，可以過得比在自然狀態下好。如果你預期共同權力無法行使你的自然權利，那麼此時保有自己執行自然法的權力或許才是上上之策。如果有共同權力，那麼一定存在著協議，顯示集體的自然法權力要運用在什麼地方。如果你的意圖是要擺脫自然狀態，那麼任何其他的立場都將是自我毀滅。因此，任何有理性的人都必須接受多數決的程序。（II.97-9）。

洛克的論點缺乏說服力。他的說法不外乎，委託共同體執行自然法的權力時，採取的程序不能是全體同意，因爲如果採取全體無異議通過，那麼這樣的程序絕不可能產生結果。但同樣地，洛克主張的多數決原則也不是在所有狀況下都能適用。舉例來說，在決定把權力委託給民主制、寡頭制或君主制時，可能出現意見五五波的狀況，各方的意見還沒做好充分妥協的準備，因此可能無法形成多數。

如果洛克提出，共同體的每個成員都有義務服從「多數人」支持的決定，包括執行自然法的權力要委託給誰，那麼上述的反對意見就能避免。支持的意見當然可能達不到多數。如果依照這種服從「多數人」意見的原則，那麼幾乎在所有狀況下都可以得出決定，只是這麼做會讓洛克的合理叛亂理論產生矛盾。在某些狀況下，洛克會說政府具有正當性，因爲共同體成員接受這個政府的人數多於其他選擇，但同樣的政府也可能不具正當性，因爲多數人並不同意把權力委託給它。爲了讓理論保持一貫，洛克的叛亂理論必須進行修正，也就是說，唯有當支持其他政府形式的民衆，其人數多於支持現有政府的民衆人數時，叛亂才可允許。

然而，如果依照這種規定，那麼革命能獲得合理化的條件將變得十分嚴苛，這點恐怕令人難以接受。在某些狀況下，若有一個極不得民心的政府，就會有一個反對黨等待著繼承權力。舉例來說，當菲律賓的馬可仕被罷免時，既有的反對黨柯拉蓉·艾奎諾便順勢取得了權力。但通常的狀況並沒有一個既有的黨派可以提供民衆選擇，例如一七八九年法國大革命。不難想見，後者的情況通常發生在革命時期，特別是革命的起因是政治權利遭到剝奪，例如一九八〇年代末期的東歐革命。政治權利的遭到剝奪，以及由此而生的政治打壓，顯然讓反對黨難以形成。而民衆也很難表達對反對黨的支持。因此，政府遭罷免後，民衆缺乏其他明確的選擇，這幾乎是革命成功後普遍出現的狀況。

洛克也考慮到另一種可能，在某些狀況下，共同體的內爭十分激烈，因此無法形成多數意見，將權力委託出去。洛克會說，「如果」可以形成多數，你必須接受多數的決定（但也可能出現無法形成多數決的狀況）。但現在我們找不到理由解釋爲什麼大家必須接受這樣的判準。我們在態度同意的主張與達成權力委託的決定急迫性之間尋求平衡。洛克認爲，社會必須盡早建立有效而共同的決策過程。如果民衆認爲達成決定的急迫性比獲取態度同意更爲重要，那麼就表示民衆認爲一旦達成多數，少數就應該服從多數。反過來說，如果民衆不重視急迫性，那麼就表示民衆堅持態度上的同意比多數決更重要。是否存在著某個判準是民衆在理性上必須加以遵從的？

洛克在這個論點上出現的兩難，不只是他的理論內部出現矛盾的問題。洛克面對的是一個眞實而困難的問題，這個問題並非源自於他的理論。一方面，我們也許會對於以下的狀況感到懷疑，亦即，必須在多數人撤回態度同意的狀況下，個人對政府進行武力抵抗才具有道德正當性。舉例來說，如果政府已經嚴重侵害民衆的自然權利，但多數人仍未撤回同意呢？然而，如果我們否定洛克的判準，我們如何另立其他的判準呢？難道我們要說，個人的道德良知不受其他民衆意見的拘束？如果有人提出誠懇的意見，認爲政府有負民衆的委託（亦即，侵害某些民衆的自然權利），那麼這個人的抵抗行爲是否在道德上是可允許的？（當然，如果你得不到任何人的支持，還想嘗試進行武力抵抗，顯然十分愚蠢，但這不是我們討論的重點。）這種選擇顯然無法令人滿意。它顯然不承認民衆是國家（「共同體」）的一份子。這種選擇給予民衆的自由顯然跟在自然狀態一樣。洛克在 **II.97** 中有效地說明了這一點。

> 於是，當每個人與其他人同意建立一個由一個政府統治的政治實體時，他就使自己對這個社會的每個成員負有一種義務，即服從大多數人的決定和受大多數人的約束。否則他與其他人爲結合成一個社會而訂定的那個原初契約就毫無意義。如果他仍然和以前在自然狀態中一樣自由，除了以前他在自然狀態中受的約束外，不受其他約束，那麼這個契約就不能稱爲契約。因爲哪有契約是這個樣子呢？如果他只受他自己認爲合適而且實際上確實表示同意的法令約束，而不受這個社會的其他任何法令的約束，這還算什麼新的義務？

如果一個國家不能做出集體性的決定，那麼要這樣的國家做什麼？如果我們可以任意忽視國家的決策過程，那麼這將破壞我們形塑共同決定的程序。

當然，你也許不同意自己基於某種道德關係而受到其他民衆的約束。你也許認爲無論明示或默示，根本沒有契約存在；你也不同意一國的民衆之間存在著道德關係，你認爲這種說法完全沒有根據。事實上，第二章的討論已經顯示這是個正確的論點。換言之，你也許會說，你跟你的同胞（同為一國的公民）之間的紐帶關係只在於國家認為你位於國家的領土之內，因此認為你必須接受國家的管轄。這不必然是道德的紐帶關係。當然，你也許想說，在民眾之間存在著非契約的「道德」紐帶關係。但這種紐帶關係不是存在於「公民」之間的紐帶關係，而是「人類」之間的紐帶關係。然而，如果你真的相信你與你的同胞之間的關係具有道德基礎呢？那麼你就不可能完全從道德觀點中解放，從而主張你有自己的看法，你可以完全無視同胞的觀點。

我們可以用稍微不同的方式來解釋剛才的論點。也許有人認為，我們不會因為參與契約同意的程序而成為同一個國家的人民。我們只是碰巧跟某些人一起降臨在某個國家裡，這與我們跟一群人一起搭飛機降落在某個國家裡不同。（以後者來說，至少飛行是我們的選擇。）儘管如此，我們也可以說，在國家的例子裡，有些程序已經成為民眾每日的習慣，民眾利用這些程序來處理事務，並且習以為常。在這種狀況下，我們難道沒有義務遵守這些慣常的程序，寧可無視這些程序而對其他同胞造成不便？如果你同意這個決策過程（從道德觀點來看）至少是可容忍的，那麼上述說法對你來說也應該合理。但是，如果你認為這是不可容忍的，又該如何？（舉例來說，契約未規定要了解上帝的觀點，而你認為這是褻瀆神明。）除非你已經參與決策過程，否則你不一定非得同意大多數同胞的看法（例如哪些事物可容忍或不可容忍）。

還有一條取徑或許可以解決這個問題。如果人們認為自己是某個組織的一部分（無論是什麼樣的組織），那麼他們的行動自由必然要比他們不是這個組織的成員時受到更多的限制。但這種說法無法讓我們得到需要的結論。因為即使人們認為自己是某個組織的一部分，也不表示組織加諸的限制，其他組織也必須比照辦理。（舉例來說，有些組織也許會限制言論自由。）雖然組織成員必須牽扯到接受某些限制，但這不表示接受任何特定的一套限制是必然的。無論如何，這個論點有著諸多問題。要組成一個團體，就表示個人承認自己是團體的成員。但一個無政府主義者，雖然被國家視為公民，卻不認為（在道德現實上）自己是國家這個組織的成員。他會說，從他的觀點出發，他是被獨斷地視為國家的一部分。

叛亂與基礎的自然法

到目前為止，我們已經討論了洛克的觀點，也就是除非共同體大多數人撤回對現存政府形式的態度同意，否則個人的抵抗是不允許的。我們尚未討論洛克叛亂理論的另一層含義：如果大多數人「的確」撤回同意，則叛亂「是」合理的。這種論點對現代讀者來說，顯然直覺上符合道理。如果政府（也就是說，某種政府形式）顯然失去大多數人的支持，例如寫作本書（一九九四年）時的緬甸軍政府，那麼在這種狀況下，大多數人應該會同意叛亂在道德上應不受非難：不僅非暴力的抵抗不受非難，就連暴力抵抗也可不受非難。對於這點，洛克的合理叛亂理論是否提供了健全的理由？

洛克認為，政府行使權力，是基於共同體大多數人的委託（II.136, II.149）。若真是如此：

換言之，若共同體是政府行使的權力「擁有者」，則共同體當然有權收回權力。

> 應該由誰來判斷君主或立法機關的行爲是否違背他們所受的委託？……對此，我的回應是：人民應該是裁判者。因爲受託人或代表的行爲是否適當，是否合乎對他的委託，除了委託人之外，還有誰應該是裁判者呢？（II.240）

然而，洛克反對大多數人因爲一時興起，在偶然間突然對自己的政府形式感到厭惡，而主張收回權力。民衆必須眞正地認識到，他們委託的政府體制，政府基於民衆的共同善而行使自然法的權力，是否眞的遭到濫用。

但是，這是否眞的顯示政治權力是基於委託而交給政府？或者說，從他的理論的其他部分來看，這樣的爭論其實只是一種獨斷的主張？洛克認爲，雙重契約不可能存在；亦即，個人與個人訂定契約，同意共同組成市民社會，之後，再由已組成市民社會的個人構成團體，與即將成立的政府訂約。在這種情況下，洛克問道，如果統治者與人民之間爲了契約內容而起爭論時，誰有權利做出裁決？而這個問題留下了兩種可能。第一是民衆最終擁有選擇的權利。第二是政府最終擁有決定的權利。爲什麼不能選擇後者呢？事實上，霍布斯在思考相同問題時，選擇的就是第二種可能。因此，洛克還需要提出附加的論點來證明前者是對的。

這個附加論點引進了相當新穎的思考方式。洛克把共同體與政府之間的關係視爲一種委託關係，而這種關係又以他的基礎自然法觀念爲基礎。「基礎的自然法是應盡可能保存所有人類」（II.183，也可見 II.7, 16, 134, 149, 159）。之前提過，洛克認爲較特定的自然法與自然權利是源自於基礎自然法。洛克說源自於基礎自然法，但並未明確解釋「源自於」是什麼意思，我們可以概略地說，自然法或自然權利是以基礎自然法的觀點爲前提，並且應連繫著明顯事實。以先前的例子來說，人必須對土地及其孳生的果實擁有自然權利。如果反對人對土地及其孳生的果實擁有自然權利，將有違基礎的自然法，因爲人將無法生存下去。洛克從基礎自然法建構出來的論點，與我們目前討論的問題有相關性。政府行使巨大的權力，這些權力經常無法保障人民的生存，反而讓民不聊生。根據基礎的自然法，人民面對剝奪自己生存的政府，不可能沒有反抗的權利。因此，民衆一定有權反抗政府，並且收回政府行使的權力。這是洛克提出的最具說服力的理由，用來支持共同體必須擁有權利進行武力抗爭。而爲了確保人民擁有這項權利，洛克認爲政府行使的權力乃是人民委託給政府的，因此人民有權隨時收回權力。洛克在書中不只一次提出這項理由，如 II.23, 149, 168 與 229。

洛克提出了很好的理由，說明爲什麼當大多數人不同意政府時，民衆有權反叛。他奠定了道德辯護的基礎，讓民衆面對像史達林與波布（Pol Pot）這樣的政權時，有權利主張維護自己的生命安全。然而，這個論點也有另外一面。之前曾經提過，洛克認爲（具正當性的）政治秩序之所以能獲得民衆支持，主要在於它合乎基礎自然法。政治社會比自然狀態更有利於人類生存。如果革命後沒有其他團體掌握權力，因而導致權力真空或內戰，如一九一七年十月革命後的俄國一樣，那麼這樣的狀態也不是基礎自然法的觀點所樂見的。因此，我們很難看出與基礎自然法的關係是否是一種決定性的考量，除非我們對特定的處境做出特定的思索。在某些狀況下，現存的政治權威是惡名昭彰的民衆自然權利侵害者，而在現存的政治權威外還有一個像樣的團體可以掌握政治權力，那麼根據基礎自然法的觀點，顯然發動革命是比較好的選擇。（不過，即使在這種例子裡，我們還是需要確認革命可能成功，不會帶來過度的痛苦。）另一方面，如果現存的政治權力擁有者雖然侵害自然權利，但還不是那麼糟糕（儘管如此，它確實損害了民衆對它的委託），而其他團體能否做得更好仍在未定之天時，也許根據基礎自然法的觀點，讓現存政權繼續存在也許會比長期的權力眞空來得好。

我們從洛克作品中發現的問題，耐人尋味地顯示出洛克居然使用兩個根據完全不同的論證形式得出《政府論第二篇》的結論。其中一種論證方法在性質上屬於義務論與「演繹法」。（我的意思不是說洛克採取了嚴格意義下的演繹法。）洛克假設某些自然權利存在，並且對於自然狀態下人類可能面臨的情況做了經驗性的假定。然後洛克嘗試從這些假定開始論證正當性的國家如何出現、國家權力的界線以及在某些條件下叛亂如何具合理性。另一種論證方法則是直接從基礎自然法推導出來。這種論證方法性質上是經驗性的與結果論的。這種論證指出（當適用在我們目前討論的例子時），任何共同體都必須擁有反叛的權利，因爲一旦缺乏這種權利，將有違基礎自然法的價值觀。以有權革命的例子來說，洛克同時使用了這兩種論證方法。以原初契約爲基礎而提出的論點，認爲共同體大多數人有權利撤回他們對政治權威的委託，這種論點在性質上屬於義務論與演繹法。另一方面，洛克又主張，如果政府對民衆的生存構成威脅，則此時不應反對民衆有權發動革命。這種直接從基礎自然法推導出來的論點，似乎可以補足演繹法的不足。

現在，疑問來了，對洛克而言，同時使用這兩種論點是否一貫？洛克認爲，人類擁有某種性質的自然權利，其最初的根據在於基礎的自然法。洛克因此主張，可以以人類擁有自然權利，人類以訂定原初契約爲前提，來進行演繹。但是，如果演繹的結果，與直接將基礎自然法適用於實際處境得出的結果有矛盾，該如何處理？人們可能想到，如果分別以自然權利與原初契約爲基礎，會得出什麼樣的獨立論點？最後，眞正有意義的思考是，民眾反叛是否要比不反叛更有利於民眾的生存？演繹的論點很可能被認爲是多餘的，或者只是一種權宜的做法。

我們現在必須回到洛克的結論，在什麼狀況下，以武力反抗政府是合理的。洛克的立場是，如果共同體大多數人支持繼續將執行自然法的權力委託給政府，那麼反抗政府便不合理。然而在這種狀況下，如果少數人的自然權利因此遭到嚴重侵害，似乎也違反我們的直覺。爲什麼他們沒有反抗的權利呢？難道只因爲他們剛好身爲少數，被冷漠的多數所包圍？此外，根據洛克自身的前提，也應該強烈支持少數人有反抗的權利。政府唯一的權力是有權擁有執行自然法的權力。這項權力，連同增進共同善的權力，是民眾有權委託給政府的兩項權力。也就是說，執行的權力指的是執行自然法的權力，僅此而已。因此，如果少數人的自然權利遭到侵害，不表示政府有權力這麼做。因此，我們怎麼能說少數人沒有反抗的權利？畢竟，在自然狀態下，受虐的少數人，哪怕只有一個人，在必要的狀況下都有權利以武力進行反抗，以保障自己的自然權利。因此，在國家已經建立的狀態下，無辜者的權利怎麼可能比在自然狀態下還受到更大的限縮？儘管如此，即使有人誠摯地表示自己的自然權利遭到侵害，我們可能還是不願同意人們可使用武力反抗國家。因爲每個人對於什麼樣叫做自然權利遭到侵害，可能各有不同的想法，有些想法可能相當瘋狂。

我們思考的這個難題，可以藉由一項至今尚未提出的區別來加以解決。一方面，個人或團體的自衛行爲牽涉到以暴力對抗政府官員。另一方面，在反叛時以暴力對抗國家。這裡指的是推翻政府，如一九八九年羅馬尼亞叛亂。洛克思考的是後者的狀況。人們可以一貫地主張，在某些條件下，個人或少數人擁有正當性，可以使用武力對抗國家以保護自己的自然權利，至於革命，只有在大多數人撤回態度同意時才能被合理化。爲了保護自己而以武力對抗國家，不必然表示這樣的行爲是革命行爲。人們可以同時認爲使用武力對抗國家是合理的，而發動革命是不合理的，兩種想法並不矛盾。

因此，接下來的解決方式有其道理。有時，爲了保護個人的自然權利，少數人爲了對抗嚴重的權利侵害，以武力對抗政府是合理的。在這種情況下，不需要多數人同意，使用武力抵抗依然是合理的。洛克雖然認爲革命需要多數人許可才具有合理性，但上述想法與洛克的觀點並不矛盾。少數人遭受不公正的對待，不表示他們可以指使多數人罷黜政府。

這種問題最有可能出現在一個政府底下存在著兩個或多個彼此敵對的團體（或許是種族不同，或許是宗教不同）。如果政府被其中一個團體控制住，那麼就有可能侵害其他團體的權利。但是，如果因此認爲少數人可以在必要的時候以武力防止自己的權利遭受侵害，這種說法也不適當。因爲在這種狀況下，這麼做頂多只能暫時緩和他們的處境。而從另一個角度來看，我們難道可以主張少數人有權指導多數人組成的政府嗎？

爲了釐清這個問題，或許必須再做更進一步的區別——之前曾經提到這個區別。革命分成兩種，一種是在國內進行革命，以改變政府形式（例如一七八九年的法國大革命），另一種是建立獨立國家的革命（例如一九一六年愛爾蘭的復活節暴亂）。這種區別可以幫助我們說明一些例子，但卻無法解決兩個或多個彼此敵對的共同體彼此雜居一處的狀況，因為我們無法將這些共同體在地理上畫分成不同的國家。至於洛克思考的，國家的領土在革命後約略維持不變的狀況，在此則沒有討論的必要。

革命與民主

曾經有段時間，人們提出討論，懷疑洛克所謂的合理叛亂的判準是否可能存在。即使我們完全認同洛克的判準，他的判準該如何運用於現實也是個問題。如果共同體大多數人撤回委託，則反抗政府的行為就能合理化。這暗示有「程序」可以決定委託是否該撤回。但這不是一個已經存在於憲法架構中的程序。

因此從這方面來說，共同體一直是最高的權力，但是並不能認為在任何政府形式下都是如此，因為民眾的這種最高權力只有在政府被解散後才會產生。（II.149。也可見 II.168）。

那麼，我們怎麼知道洛克的合理叛亂條件獲得滿足？即使我們可以解決大多數人的定義，但要在民族國家的規模下判定共同體中大多數人是否達成某種看法，依然是件複雜的事。在這種狀況下，肯定需要行政機關確保民眾普遍認同才能進行程序，同時又要消弭可能的脅迫與賄賂。不過，在前革命時期，也就是洛克判準適用的年代，應該不存在這麼複雜的條件。每個個人應該都知道，依照洛克的判準，自己只有從非正式的跡象中清楚看出大多數人已經撤回對政府的持續委託之後，才有權利反抗政府。不可否認，非正式的跡象有可能非常清楚。前德意志民主共和國（前東德）政府缺乏大多數民眾的同意與許可，這點我想沒人感到懷疑。一六八〇年代初期的英國，如果從非正式的思考來看，其情勢似乎也相當清楚，洛克的理論顯然是能運用在英國上面。但在前革命時代，並不是每個情況都能這麼一目瞭然。

有個方式能夠解救這個問題，至少可以部分解決，前提是我們要修改洛克對民主的看法。當爭議點在於共同體是否該繼續或撤回對特定政府形式的委託時，洛克的立場是採多數決的民主份子。然而，洛克並不要求被委以權力的政府形式必須是民主制，他認為，即使不是民主制，只要民眾委以權力，就具有正當性。他的觀點清楚見於 II.132。

> 前面已經顯示，當大多數人最初聯合起來組成社會的時候，這些人自然擁有共同體的全部權力，他們有時可以運用這個權力為共同體立法……因此這種政府形式是完全民主。如果把立法權交給少數被選出來的人……那麼這就是寡頭政體。如果把立法權交給一個人，那麼這就是君主制……因此，共同體仍可根據這些形式，建立他們認為適合的複合與混合政府形式。

儘管洛克提出了第三種選擇，他並不認爲權利可以委託給「絕對」君主（II.90, 91, 92, 93）。洛克所謂的「絕對」君主，指的是一種凌駕於法律之上的政府形式，君主可以隨心所欲不受任何拘束。絕對君主的政府形式不承認政治權力最終取決於民衆的同意，因此，這樣的政府悖逆於洛克的政治正當性理論。與洛克同時的路易十四就是典型的例子。

雖然洛克認爲政治權威最終取決於大多數民衆的同意，但他仍不是近代意義下的民主主義者。洛克不認爲政治權威要獲得正當性，政府的組成必須採民主方式。不僅前引的 II.132 說明了這點，我們也可從洛克對當時政治事件的態度推知他的立場。洛克顯然認爲威廉與瑪麗組成的政府具有正當性，因此他個人也參與其中，成爲貿易委員會的一員。當然，當時的英國並不是一個民主國家，至少就我們對民主的理解來說是如此。洛克也許支持大幅擴張選舉權，但這不表示他認爲英國政府的正當性取決於選舉權的擴大。洛克支持的是代議制的憲法，他認爲這更有可能增進公共利益。他也認爲查理二世與詹姆斯二世妄圖打壓國會的地位，已然構成民衆叛亂的理由。然而，洛克抱持這些想法，不是因爲代議制是政府獲得正當性的基礎，而是因爲行政機關理當奉行國家的實定法，而代議制是英國憲法的一部分。我們可以回想前面提到的第四項合理叛亂的理由：政府的行動超越了實定法的限制。

有人會認爲，洛克不可能認爲共同體把權力委託給民主政府只是諸多選項之一。如果洛克認爲憲法必須是民主的，那麼他就不會在合理叛亂的判準上遭遇那麼多麻煩。假使歷屆政府都是經由適當的成年民衆普選產生，那麼這些選舉涉及的將不是多數人是否對既有的政府形式表達態度上的同意；這些選舉將是憲政體制下的一種程序，用來決定誰來組成政府，與誰來擔任政府職位。儘管如此，這種民主程序還是可以顯示洛克的正當性政府判準是否獲得滿足。因爲在民主程序下，如果有候選人反對現有的憲政結構，因此他參與選舉，結果卻未獲得民眾支持。在這種狀況下，我們可以合理推論，現有的憲政結構獲得大多數人的態度同意。如果有相當數量的民眾反對現有的政府形式，他們很可能因此支持該候選人。因此，當憲政形式是民主制時，我們可以用這種間接的方式了解憲法是否獲得大多數民眾的態度同意；如果憲法不是民主制時，就無法以這種方式得知。

因此，我們可以認定，民主憲政——亦即，以成年民眾普選爲基礎，民眾均享有同等的政治自由——的可取之處，在於它能合理地適用洛克的合理叛亂立場。然而，洛克並未採納這條思路，而原因我們不難理解。擁護成年普選在當時已經是非常激進的觀念，更甭說女性擁有選舉權在十七世紀根本是不可想像的事。因此，民主制的思考路線完全被排除於當時的政治文化範圍之外。洛克很可能認爲根本不需要嚴肅考慮這種想法。就算他認爲民主制可以有效實踐他的理論，他也會認爲這是令人困窘的念頭。這個例子說明了我們不能光用直覺來決定政治理論的意涵是否合理，而必須反覆周詳地思考才行。或許我們的「直覺」帶有我們這個時代特有的政治文化，而與過去的政治文化格格不入。

關於洛克的論點，最後我們要提出一兩項評論。洛克口中的「完全民主」，顯然指的是選舉人可以直接投票決定法律內容的制度。我認爲洛克的想法可以與代議的民主制度相容。其次，認爲共同體無權將權力委託給非民主的政府形式，這種想法可能會與洛克的理論產生矛盾，因爲這麼做只會讓洛克的合理叛亂判準更難實現。我們必須坦承，如果我們修改洛克的見解，限制民眾可以選擇的政府種類，那麼，這樣做只是讓民眾擁有的權力遠較洛克賦予的來得小：民眾沒有權力選擇他們想要的非民主政府。最後，洛克的合理叛亂理論中帶有的民主傾向要能夠成立，首先必須讓那些「反對」現有憲政結構的民眾能自由地抒發己見。從我們的觀點來看，如果那些「顛覆份子」——「以和平的方式反對現有憲政結構的民眾」——不准表達自己的觀點，那麼民主憲政的意義就完全消失了。若是如此，我們將很難認定現有的憲政結構是否真的奠定在大多數人的態度同意上。

洛克的合理叛亂理論如果想獲得加強，那麼必須要做的就是添入「政治體系是民主的」這項條件。對我們來說，這可以讓這個理論原本已經具有的合理性更顛撲不破，一如我們傾向於接受民主體系的必要性。洛克的合理叛亂理論其實可以與比他身處的時代「更加先進」（我們樂於這麼說）的政治文化相容。

第四章　財產

如何正確理解洛克的〈論財產〉

雖然洛克〈論財產〉是《政府論第二篇》中非常有名的部分，但要了解洛克為什麼寫下這個專章並不是那麼容易。事實上，《政府論第二篇》其他部分談的要不是說明人民為什麼有義務遵守具正當性的國家命令，就是說明在什麼條件下叛亂是允許的。但第二篇第五章〈論財產〉卻與這些主題沒有直接關連。

我們可以這麼解釋，洛克認為人的自然權利（特別是執行自然法的權力）是人所「擁有」之物，而洛克也認為人擁有自身。洛克的政治理論是以廣義的財產概念為基礎，在這種狀況下，我們能不能說，洛克也會認為通常意義的財產也必須予以尊重？然而，遺憾的是，洛克〈論財產〉並不討論廣泛的財產概念，而只處理通常意義的財產的合理化理由。洛克〈論財產〉顯然與《政府論第二篇》其他篇章的論點少有關連，[1]而〈論財產〉每次在討論時，也多少與其他篇章分離出來孤立看待。

認為〈論財產〉與其他章節可以合在一起討論的想法或是許是錯的，或許洛克在〈論財產〉提出的是經濟正義的觀點，而這個觀點不一定與正當性及合理叛亂有關。今日，我們在討論經濟正義時，也很少提及正當性與合理叛亂的問題，例如羅爾斯的《正義論》。事實上，洛克〈論財產〉目前經常是在這樣的假定下進行討論的。就像諾齊克（Nozick 1974, 174-82）的作品一樣，洛克〈論財產〉經常被當成觀念的資源，可以不斷從中擷取。這些觀念可以反覆使用在當代關於私有財產權與經濟平等何者主張較爲有力的辯論中。認爲私有財產權的主張較有力者，傾向於以〈論財產〉爲立論依據，主張私有財產權優越於以經濟平等主義爲基礎所提出的主張。一般而言，左派擔心私有財產權辯護成功，因爲這似乎對廣泛性的經濟平等主義不利。（不過，我們必須指出，洛克的私有財產權概念與福利主張是一致的，也就是說，洛克也會站在貧困者的立場反對財產權人（Tully 1980, Chapter 6）。

然而，認爲洛克的理論在討論經濟正義時總是有利於右派，因此左派總是反對洛克，這種想法其實也是錯的。有些社會主義者認爲，勞動使勞動者對於勞動生產之物擁有主張報酬的權利。這項論點因此可以用來主張工人有權擁有自己勞動生產的所有產品，而不只是主張薪資而已。事實上，安頓・門格（Anton Menger）表示（Menger 1899），洛克的理論間接啓發了馬克思的剝削理論。然而，這種詮釋洛克的方法，幾乎可以肯定已經超出了洛克原初的意圖。洛克認爲，勞動產生了對勞動生產的產品的最初所有權。但洛克並未一般性地認爲，一個人對物品的所有權是依照他所投入的勞動多寡來加以比例分配。但我們並不否認洛克確實鄙視那些閒散遊惰的富人，而讚美那些勤勉工作的人。

不過，洛克不可能基於這些理由而將〈論財產〉收入《政府論第二篇》中。如果他打算基於經濟正義來描述他的觀點，那麼我們可以預期他在談論成功時也會談論正當性與叛亂。但洛克在〈論財富〉中並未提到正當性與叛亂。另一個可能是洛克試圖爲有產階級的權利辯護，雖然這些權利可能對窮人不利。而且洛克似乎未曾嚴厲質疑富有的中產階級的特權地位。但是，平等派與掘地派的後繼者在洛克時代似乎也未曾對較富裕的輝格派人士造成重大威脅。而我們也懷疑，在洛克撰寫《政府論第二篇》時，是否有人認眞質疑過私人財產的權利問題。[2]

我認爲，洛克主張的個人私有財產權的自然權利，是爲了保衛個人私有財產權免受右派的威脅，而非左派。我們傾向於預期政治光譜的右派爲個人私有財產權的辯護最力，例如柴契爾或雷根。然而，在十七世紀時並非如此。查理二世希望不經過國會同意，直接籌募資金。洛克想推翻的，其實是以下這個立場：亦即認爲所有個人私有財產權最終都是仰賴國王的恩惠而存在。（或許，查理二世的立場只是基於權宜，但從這裡可以看出，查理二世的做法反映了更早期的封建財產權觀念。所有財產都是來自於國王的贈與。他將一些財產贈與給底下的領主，他們的財產權因此來自於國王的贈與。而後領主又將財產贈與給地位較低的貴族，以此類推。）從這點來推論，如果國王任意從臣民身上取得財物，應該沒有侵害個人權利的問題。

> 如果一個統治臣民的人有權從任何一個人的財產拿走他喜歡的部分，並且隨意加以使用與處分，那麼即使有良好和公正的法律來規定他與一般臣民之間的財產權界限，一個人的財產權還是沒有保障的。（II.138）

洛克的觀點正好相反，他認爲個人擁有財產是出自自然權利。自然權利的存在優先於任何政府權威，因此君主徵收個人財產是違反了個人的自然權利。唯一具有正當性能違反個人私有財產權的主張（懲罰不算在內）是經由國會人民代表同意（亦即多數同意）的稅賦。

認爲君主不可獨斷侵害個人的財產權，這種論點可能遭受另一種論點的質疑，那就是個人私有財產權並非自然權利。有人會提出這樣的主張，因爲這些人不認爲有自然權利存在。或者說，他們不認爲財產權是自然權利（也許存在著別的自然權利）。他們認爲，我們對我們的財產所擁有的權利是透過最高權威的立法產生的。因此，最高權威原則上有權改變既有的安排，也就是說，最高權威可以不再讓個人對特定財產擁有權利。當然，主張這種觀點的人總是一貫地堅持法治。他們認爲不能以獨斷、非法的方式剝奪個人的財產。

如果私有財產不是自然權利，那麼就等於允許最高權威對個人財產予取予求（不考慮別的狀況的話，那麼就是透過上述的立法程序來進行）。它允許增稅（要合於自然正義），強制徵收，在緊急狀況下進行徵用，或甚至廢除個人的私有財產制。洛克試圖證明這種論點是錯的，並且顯示一般而言主權者沒有權利這麼做。因爲個人對某些財產是具有自然權利的，在這種狀況下，立法剝奪個人財產就失去了正當性。洛克並非只爲富人的財產權辯護，因而不利於窮人與無產者；毋寧說，他是爲所有個人的私有財產權辯護，反對國家可能造成的無限制侵害。因此，〈論財產〉終究來說是可以與《政府論第二篇》的主旨整合在一起：亦即，政治權威在本質上是受到限制的。

還有一種可能性（這不是洛克提出的）可以讓有產者抵禦君主的獨斷侵害。也許有人認爲財產權是傳統權利而非自然權利，儘管如此，要更動財產權並不容易。一個可能性是主張財產權是憲法層次問題，而非一般的立法問題。另一個可能性是主張財產權取決於社會自古以來傳承的傳統，不能用成文法來決定（Waldron 1988, 18）。

接下來我們要提出兩種針對洛克主張的私有財產權是自然權利的說法所產生的理解。第一種理解同意洛克認爲私有財產權是自然權利，但不贊同洛克的目的；第二種理解則支持洛克的目的。

針對私有財產權是自然權利所產生的「第一種理解」，認爲我們有充分的理由（完全不需要仰賴實定法規定）可以說明我們爲什麼需要私有財產制。這種理解也認爲，我們有充分的理由可以說明，爲什麼每個正常的成人必須擁有財產的所有權；亦即，正常的成人不可能永久地無法擁有任何財產。這種理解用來支持私有財產制是自然權利，相對來說較容易說明與發展。（我們沒有必要認爲這種說法是定論，因爲這種理解只需要提出顯而易見的合理論點就能成立。）舉例來說，人類整體在私有財產制度下能享有更好的物質生活，這就足以構成支持的論點。我們也可以拿前西德繁榮的資本主義社會，與前東德貧困的共產主義社會做對比。

然而，這種理解明顯的缺點是（從洛克的角度來看），它無法提出獨立的論點來說明特定個人對特定事物擁有權利是一項自然權利。這種理解就算成立，也只能反駁政府有權整個廢除私有財產制的論點，從而證明私有財產權是一種自然權利；亦即，私有財產制是一種自然權利。但是，這種理解無法推導出以下的結論：特定的個人擁有特定的財產是一種自然權利。

因此，接下來我們要提出「第二種理解」。這個觀念不引用實定法的規定，而主張個人對特定事物的私有財產權是一種自然權利。第一種理解在建立對特定事物的私有財產權上，可能力有未逮。因此洛克提出了不同的取徑，也就是 II.27 著名的「勞動混合」論點。粗略地說，當你對某個你未擁有的事物投入勞動，就表示你將你的勞動混合到這件事物之中，因此這件事物有部分是屬於你的，因此經由勞動混合的過程，你可以把不屬於你的事物變成屬於你的事物。

這個論點如果成立，就能滿足第二種理解的目的，也就是對特定事物擁有私有財產權是一種自然權利。如此，我們不僅能主張國家沒有正當性來廢除整個私有財產制，也能主張國家不能針對特定事物主張你沒有私有財產權。洛克的 II.2 的「勞動混合」論點如果成立，將可支撐洛克所需要的第二種理解。然而，這項論點沒有成立的可能。因此洛克無法提出健全的論點反對國家對個人私有財產權的干涉。

洛克的所有權概念

在我們討論洛克認爲的私有財產權是自然權利之前，我們必須先討論洛克的另一個概念，也就是所有權的概念。洛克的所有權概念與當時討論自由至上主義（libertarianism）時預設的思想不同，後者符合貝克所說的「充分」或「自由的」所有權概念（Becker 1977, 19）。[3]貝克提出的所有權概念主要元素如下：

如果P擁有O，則P擁有以下權利：

1. P有權利擁有與控制O，而且可以排除他人在未經他同意下對O的占有與控制。（*Exclusive Control*）

2. P有權利從擁有O當中獲利，舉例來說，收入、快樂與使用。（*Benefits*）

3. P有權利任意消耗、浪費、更改或破壞O。（*Consumption*）

4. P有權利讓渡O，亦即贈與、交換或遺贈O給某人（假設是Q），之後Q就成爲O的所有人，但前提是交換、贈與或遺贈必須出於自願。（*Alienation*）

我們從幾個方面可以看出洛克的自然財產權利與上述的所有權概念不同。第一與第二個要素可以用來解釋洛克的補償權利概念，也就是說，當所有人有剩餘時，他可以將這些剩餘之物分享給有需要的人，但他有請求補償的權利。至於第三個要素，洛克則是反對。洛克認爲在一般的狀況下，所有人沒有權利浪費或破壞所有物，除非是消耗的過程中爲了保護人命或者爲了獲得快樂而不得不如此安排。也就是說，浪費或破壞所有物爲基礎的自然法所不容：「上帝創造的所有東西都不是讓人們糟蹋或破壞的」（II.31）。洛克認爲充分的所有權概念必須予以限制，而其中限制最嚴格的是讓渡的權利。不是只有所有權人才擁有決定將所有物讓渡給誰的正當權利。市民社會一旦形成，國家也許會重新分配財產。但是，洛克認爲，即使在市民社會形成之前，讓渡的權利也已經大幅受到限制。洛克這麼說，主要是因爲他對遺贈性質的看法所致。

洛克不認爲人對於他人在自由意志下給予他的遺贈擁有權利。財產繼承的合理性，基本上來自於基礎自然法。孩子需要父母的財物來獲得生存與安適（I.89與I.93）。由於每個孩子同樣都需要生存，因此，每個孩子對父母財產的權利主張是均等的（I.91）。因此，父母將較多的財產贈與其中一個孩子，此舉似乎有違自然義務。基於這個原因，洛克反對長子繼承制（I.93）。此外，洛克認爲，如果一個人沒有親族，那麼這個人死後財產就歸共同體所有：「在政治社會裡，則歸公共行政長官管理；但在自然狀態，則再次成爲共有物，沒有人有權繼承這些財產」（I.90）。從這點來看，洛克認爲人不能將財產遺贈給「親族」以外的人，但在 I.87，洛克又認爲財產歸於共有只能在某些條件下執行，「沒有親族」是其中一項，另一項則是遺產贈與人「未積極將財產授予」另一個人。洛克也主張父母應該公正地將他們的財產均分給「所有的」子女，不應該依兒女的年齡而有所差異。依照洛克自己的原則，我們不知道這種分配方式怎能稱之爲公正，如果子女都能自立，爲什麼還要將超過子女生存所需的財產分配給子女？即使如此，與當時的自由意志主義者相比，洛克對於遺產權利的看法可以說非常激進（見 I.87-93）。必須說明的是，本書對洛克遺產觀點的詮釋並未獲得普遍接受。我引用來支持我的論點的洛克說法，有些人的詮釋與我不同，西蒙斯（1992, 204）就主張，洛克認爲「財產是個人的，可以自由轉讓，而遺贈具有優先性」。

「增值」的論點

接下來我們要討論洛克針對私有財產所提出的自然權利論點。我們暫且不討論洛克最知名的論證 II.27，而先討論 II.34-45。II.34-45 的主要觀念是物質的權利體系必須如此安排，才能鼓勵人們投入有用的勞動，讓上帝提供給我們的自然資源能被製造成生活的必需品。

但首先我們必須稍微了解這個論點的背景，並且稍加說明洛克的自然法概念。之前曾經提過，反對私有財產權是自然權利，這種論點立基於兩個前提，要不是認爲根本不存在任何自然權利，就是認爲財產權不是一種自然權利（但承認其他種類的自然權利）。就我的理解，洛克不可能主張不存在任何自然權利。但他確實提到自然權利的成立條件。從這點出發，洛克證明了（不過他從未主張自己做過這樣的證明）如果存在自然權利，那麼個人的私有財產權肯定也是一種自然權利。

根據洛克的看法，一般是用以下的形式來說明自然法（與自然權利）。我們以 II.183 陳述的基礎自然法做爲起頭：「基礎的自然法是盡可能保存全人類。」如果有人主張特定的自然法成立（而依據特定的自然法，某些人被授予了某種自然權利），那麼該特定自然法的效果也必須滿足基礎自然法的目的。因此，我們認爲無辜者有權免於遭受可能導致受傷或死亡的攻擊。如果無辜者沒有權利獲得保護，那麼這將有違基礎自然法的目的。我們可以再舉 II.16 爲例：

> 依據基礎自然法——人類應該盡可能受到保存——如果無法保存所有的人，那麼應優先保存無辜者。而人可以摧毀向他宣戰之人。

因此，在遵守基礎自然法的前提下，可以創設出各種特定的自然法，從而衍生出各種自然權利。藉由這種論證方式，我們可以創設出私有財產的自然權利，因爲控制物質的權利足以影響人類生命的保存。

那麼，根據洛克的說法，什麼樣的物質自然權利是我們必須具有的？要回答這個問題，首先我們必須了解當時的思想背景，也就是相信上帝讓我們生活在這個世界裡，世上的所有物質都是供我們取用的：大地，包含從大地生長出來的果實，在大地上生活的動物。因此，在基礎自然法之下，我們必須履行保存自身生命的義務，但前提是我們必須要在上帝提供給我們的物質上投入勞動力。因此我們有理由說，每個人至少擁有一項自然權利。那就是使用大地與享用果實的自然權利，藉此人才能維持與保存自己的生命。我們不可能愚蠢地認爲，上帝讓我們置身在我們可以生存的環境裡（亦即，我們可以靠我們的勞力爲生），在命令我們保存自己生命的同時，卻又否認我們有「權利」使用大地與享用果實。因此，根據基礎自然法，我們每一個人都有充分的理由宣稱我們與其他人一樣擁有使用大地與享用果實的自然權利。因此，在基礎的自然法之下，每個人爲了保存自己的生命，都有權利使用大地與享用果實。

然而，到目前爲止，我們說自然狀態下所有人享有平等的權利，這只是一種通論性的說法。這種論點並未說明特定的人能對哪些特定的土地與果實享有何種特定的權利。這種權利如何更特定地加以說明？洛克說，上帝將大地賜給全人類。這是否表示，每個人都是所有土地的平等共有人？這些平等共有人集體地控制所有的土地。

洛克反對這種說法。如果這種說法成立，那麼任何一名共有人想個別地行使享用果實的權利之前，都必須徵得全體共有人的同意。在自然狀態下，想徵得全體共有人的同意是不可能的。因此，根據基礎自然法，實際狀況不可能如此運作。在自然狀態下，人類爲了生存，不可

能沒有使用大地與享用果實的有效權利。洛克在 II.28 表示，

> 難道因爲他沒有得到全人類的同意就把橡實與蘋果占爲己有，他對於自己拿取的橡實或蘋果就沒有權利？把屬於全人類所有的東西占爲己有是否算是竊盜？如果這種同意是必需的，那麼人類早就餓死了，上帝給人類再多的東西也沒用。

我們既然已經接受基礎自然法，那麼上面這段論證足以否定平等共有人的論點。

如果這個詮釋遭到否定，那麼每個人都有平等使用大地與享用果實的權利，這樣的主張又該如何理解？費爾莫認爲，如果大地賜予的對象是全人類，那麼任何個人都沒有擁有正當私有財產的權利（Ryan 1984, 16）。洛克一開始先提出以下的主張做爲回應，他認爲，起初沒有人對任何特定的土地有排他的權利。每個人對於全人類共有的土地都只有使用的權利（毋需他人同意），藉由在土地上進行活動而提供生存與庇護。這種說法的前提是在此之前同一塊土地上沒有其他人從事相同的活動，因此新來者從事的活動不至於與其產生衝突。

因此，這個論點還不足以主張每個人都有平等的權利使用土地享用果實。要使用土地獲得生存，必須對特定土地擁有特定的控制權利。洛克在 II.26 表示：「但是，這些土地既然是給人類使用，那麼肯定需要某種方法來取得，如此一來，土地才能被特定的人使用或使他獲得好處。」但是爲什麼一定要有這樣的權利，即使是在自然狀態下？爲什麼不說，在自然狀態下，並不存在權利，因此造成的就是霍布斯的所有人對所有人的戰爭？如果不存在權利，那麼在自

然狀態下，就可以任意攫取他人已經採摘並準備食用的果實，或者是強占他人所中意的已經投入勞動力的土地。如果事實眞是如此，那麼人類將會專住於守住自己擁有的土地，而非在上面耕作勞動。因此，權利不存在的假定是與基礎自然法相違的。

（這對洛克來說是個難題，而他對於這個難題並未提出明確的解答。爲什麼不說，在基礎自然法之下，這種令人不滿的立場顯示的不是在自然狀態下存在著能控制特定事物的自然權利，而是存在著必須建立市民社會的自然責任？若是如此，就會產生爲特定個人創設特定權利（即擁有特定事物的權利）的立法權。若從保存人類的觀點來看，建立市民社會這個行爲本身當然是可取的。但即便如此，洛克也不一定認爲個人不需要同意就可以成爲市民社會的一份子。）

所以，個人對於特定事物擁有自然財產權的基礎應該是什麼？這裡，我們還是要提出基礎自然法以及我們所處環境的一般事實。洛克提到，上帝提供我們許多可供我們生存的事物——我們必須努力打獵、採集或耕種。上帝提供我們的事物，很少有不需要勞動就能滿足我們生活所需。所以洛克把這一點視爲權利基礎，使財產的所有人不同於非所有人，只要有人在事物上投入勞動力，就可以對人類生活做出更多貢獻：「勞動使它們與共有物區別開來」（II.28）。這種個別化的基礎符合基礎自然法。從維護人類生命的觀點來看，致力於改善事物的人應該擁有自然權利來保護他們的活動。從基礎自然法的觀點來看，這個基礎是「自然的」。這是洛克用來說明個人私有財產的自然權利的基本例子。

這個論點要成立，就必須主張事物改善後增加的價值，絕大部分來自於在事物上投入的勞動力。我們可以想像一個場景，自然提供的一切事物實際上都必須稍微經過一點改良才能滿足我們的需求，不過有時改變的幅度相當輕微而且容易（例如剝香蕉皮），在這種情況下，我們不認為「勞動者」可以藉由勞動獲得財產權，特別是所需的勞動確實微乎其微時。洛克曾在 **II.37-9** 說明自己的立場背景。在 **II.37** 中，洛克主張適當的耕作改良土地的產出，差異可以達到十比一或甚至一百比一。洛克論點的前提是自然界裡「不需改良馬上就能使用」的物品非常稀少，但原料與土地非常多。因此，有用的完成物品，其潛在數量很多，只要我們能施以適當的勞動就能產生。洛克在 **II.40** 繼續提出類似的論點，認為事物價值的增加是來自於勞動。

我們可以清楚看出，這些假定反映了文化與氣候環境的限制，而這些都是洛克所熟悉的。當然，洛克想到的一定是北歐寒冷的氣溫環境，因此土地上的人口壓力一定相當輕微（在洛克當時也是如此），但為了過冬，必須花點心血與勞力才能取得生存的資源。如果當時玻里尼西亞也有私有財產權的理論家，那麼同樣的假定對他來說恐怕無法成立。

對於個人應該取得私有財產權的問題，洛克採取的觀點帶有濃厚的工具性。如果財產權是可獲取的，那麼人類會更有意願從事保存人類生命所需的勞動。「報酬」是必要的，因為勞動本身並不是件愉快的事。事物的創造不一定是有趣的自我實現過程（Ryan 1984, 28）。在特定例子裡，勞動會產生一些「好處」，例如改良事物使其更有益於人類生活。之所以稱之為好處，是因為這種勞動類型可以改良事物，存續人類生命。這種勞動具有普世性。要製作麵包，先要把穀物磨成粉，至於磨穀人要用什麼方式（是否有效率暫且不論）將穀物磨成粉則不是重點。反過來說，當我們提到一個人從事什麼工作時，我們指的勞動卻不是或不只是普世的勞動，而是一種特定的勞動，能讓我們衡量價值的勞動。

然而，撇開這點不論，光是從存續人類生命的角度來思考財產權的問題，洛克的立場應該還是合乎基礎自然法。但這裡還有一些問題，例如有些人的勞動沒有生產力。例如孩子，洛克表示，根據自然法，孩子可以向父母要求提供充分的食物直到他們可以自立爲止。此外還有一些人是年老病弱。根據洛克的說法，這些人有「權利」取得生產者的剩餘糧食以保存自己的生命。洛克在《政府論第一篇》第四十二節清楚表明這一點，而這段文字值得我們大篇幅引用，因爲洛克在這個地方經常遭人誤解。

> 但是我們知道，上帝不會讓一個人任由另一個人處置，乃至於可以隨人高興就將人餓死：上帝身爲人類的主人與父親，並未將世界上特定部分的財產給予某個子女，相反地，上帝讓有需要的人有權利享用其他人的剩餘之物；因此，人沒有正當理由拒絕其他有急迫需要之人的要求。人沒有正當權力透過土地或物品的財產權來支配別人的生命；任何擁有地產的人不願施捨自己豐富的財物，而任由他人餓死，這將永遠是一種罪。正如「正義」讓每個人有權享有自己誠實勞動的果實以及祖先留給他的公平財產；「慈善」也賦予每個人有權在沒有其他辦法維持生命的情況下分享他人豐富財物的一部分，以免陷入極端匱乏的境地。

因此，根據洛克的說法，應該滿足的需求是一種能與生產者的所有權抵銷抗衡的權利，而不只是慈善的道德主張。值得一提的是，洛克在《政府論第二篇》的第五、六、七十與九十三等節又再度聲明這個立場。

這個立場與洛克的整體觀點一致。如果基礎自然法規定人類的保存；如果存在無可指責的貧窮者；如果糧食足夠讓所有人維持生命，那麼貧窮者肯定有權利向那些已經擁有足夠糧食的人提出要求。的確，洛克認爲具有生產力的勞動者的保存要優先於貧窮者，而貧窮者的權利只有在糧食有剩餘的狀況下才能主張。這種說法並不違反基礎自然法。如果無法保存所有人的生命，那麼顯然能夠勞動生產的人的保存應先於無法勞動生產的人。

我們必須針對這種說法提出幾個限制。從生產者的立場來說，如果他們的生產剩餘必須滿足貧窮者的需求，那麼很可能導致他們不願生產。因爲就算他們可以生產出超過自己必需的糧食數量，他們也無法保有這些勞動成果，而這些多餘的部分終將落到貧窮者手裡。因此，嚴格來說，洛克的立場應該以這項規則來加以限制。如果要求生產者增加對貧窮者的糧食供應，實際上反而會減少貧窮者獲得滿足的程度（因爲生產者會因此降低生產量），那麼對生產者提出的要求就應該降低到貧窮者可以獲得最多糧食供應的水準。這一點，洛克似乎沒有想到。

克蘭斯頓（Cranston）認爲，洛克對於貧窮者的關切是否出於眞心，必須衡諸兩項事實。首先，洛克晚年擔任貿易委員會委員時，曾針對乞丐提出相當苛酷的政策。其次是瑪夏姆夫人的回憶，她說洛克痛恨乞丐，他一文錢都不會給他們（Cranston 1957, 426）。然而，瑪夏姆夫人也說，洛克對於勤勉的窮人相當同情。因此，洛克或許是認爲我們無法確定乞丐是否眞的匱乏。

無疑地，雖然洛克認爲「完全自由主義」的所有權概念必須根據應該滿足的需求來加以限制，但洛克顯然也容許嚴重的經濟不平等。針對取得所設下的「腐壞」但書，「事實上」可以嚴格限制個人正當取得東西的數量。

> 一個人在一件東西腐壞之前，他能藉由勞動利用多少東西，就能擁有多少東西的財產權。超過這個範圍以外，就不是他應得的，而應該歸其他人所有。（II.31）

然而，這項但書是可以規避的，因爲可以把會腐壞的東西拿去換取不會腐壞的東西。金錢的發明——金錢本身不是保存生命必需之物，卻能用來標示事物的價值——使得但書形同具文（II.46-51）。因爲所有會腐壞的東西都可以拿來換取金錢，而金錢是不會腐壞的。早在市民社會建立之前，人類就已經開始使用金錢。舉例來說，人類「默示」同意賦予黃金一定價值。雖然沒有明確同意要以黃金做爲貨幣，但在實際交易上卻使用黃金來換取東西，等於「事實上」創造出貨幣。因此，洛克不是一名經濟平等主義者：「一個人的正當財產是否超越範圍，不在於他擁有多少東西，而在於他有沒有讓任何東西在他手裡白白地毀壞掉」（II.46）。

雖然洛克的理論在面對獨斷的政府時帶有革命性，但在面對財富不平等時卻不見得具有革命色彩。洛克當時爲了爭取輝格派商人與鄉紳支持他的革命政策，因此必須表明，在憲法中追求政治平等，不表示就要追求經濟平等（Waldron 1988, 148-9）。

私有財產的自然權利是否可以用來解釋所有的例證，對於這點，許多人都感到疑問。舉例來說，生產勞動的「報酬」爲什麼一定是取得私有財產權，也就是自己投入勞動的物品歸自己所有？爲什麼不是取得其他的特權，這些也可以做爲生產勞動的誘因？基礎自然法提到的控制物品的權利不一定非得指私有財產權不可。如果土地是共有物，每個人都有權利使用土地，那麼在這種狀況下，基礎自然法也能得到滿足，大家都有權利享用土地上的農作物。事實上，任何權利體系都能與基礎自然法相容，前提是該體系必須包括使用與破壞物品的權利。所有權包含這兩種權利，但包含這兩種權利的權利體系不一定非得是所有權不可。

那麼，爲什麼洛克一定要在基礎自然法的基礎上主張財產的自然權利呢？私有財產權在所有權的權利體系中具有獨特的地位。因爲所有權可以讓所有人決定接下來由誰擁有物品，所以私有財產權體系可以持續而明確地將特定物的所有權配置給特定人。控制特定物品的權利，其決定方式往往是「去中心化」：個人的選擇即已足夠（如果個人的選擇受到尊重的話），不需要國家的中央權威來決定。

在私有財產制之下，原則上總是能決定誰可擁有控制特定物品的權利。與此相對，其他的控制權利體系則需要中央權威決定正確的權利配置。舉例來說，思考這個原則：控制物品的權利是根據需求來進行分配。在這個原則之下，必須由權威來決定什麼叫做需求，什麼才能適當地滿足需求。我的意思不是說（事實上顯然也是如此），無論採納哪一種權利體系，都必須交由權威來執行。洛克當然承認有國家來執行私有財產權會更好。這是人類選擇脫離自然狀態進入市民社會的原因之一。我的意思是說，如果你使用需求做爲配置權利的判準，那麼你不僅必須由權威來執行，還必須由權威來「決定」什麼樣的權利切實可行。

事實上，所有權體系原則上毋需訴諸中央權威就可運作，而這正是洛克學說的關鍵。如果在自然狀態下存在著控制物品的權利體系，那麼這個體系必須毋需「全人類的同意」就能運作（II.28）。私有財產制是唯一適合的體系。有些無主物成爲你的物品（亦即，增添價値），你不需要終局地顯示你已經在這件物品上建立私有財產權。增値事實上也可以爲勞動者創設其他特權。但這裡的重點是，在自然狀態下，許多特權「必須」以私有財產制的形式出現。唯有私有財產權才能符合自然狀態的假定。

即使這個論點可以成立，但它是否能得出洛克期望的結論，不無疑問：亦即，在市民社會裡，民衆對自己的財產有自然權利。我們也可以說，依照這個觀點，私有財產權只是一種「暫時的」安排，使「某種」權利體系可以在市民社會成立前存在。當市民社會建立之後，就可以採取其他的所有權體系。而在進行權利體系的變更時，不需要任何道德考量（亦即尊重個人權利）。

另一種反對私有財產制是自然權利的說法認爲，把私有財產制的分配視爲對勞動者的報酬，長期而言很可能弄巧成拙。透過交換、遺贈等方式，人們也許可以取得龐大的私有財產。這很可能讓這些人完全不需要勞動就能取得大批財產。從公平的角度來看，我們可能會認爲如果在無主物（如土地）進行勞動可以讓最初的勞動者取得所有權，那麼爲什麼隨後的勞動者只能取得與地主合意訂定的薪資報酬？最初的勞動者可以獲得顯失比例的高報酬，這難道不是一種獨斷（Waldron 1988, 203-5）？「增值」論點有一項重大缺失，那就是它只討論所有權體系與生產勞動之間的關係。想建立這層關係，其實方法不只一種。認爲私有財產權與政府安排的個人財產權之間存在著水火不容的關係，其實並不合理。事實上，將非常富有的人的部分財產沒收充公，不僅不違反私有財產制，反而符合私有財產制的精神。

或許正因這些困難，才讓洛克寫下 II.27 的論點，試圖在特定人與特定物之間建立起更明確的權利關係。洛克並未清楚區分這個論點與我們討論過的「增値」論點之間的差異。洛克有可能（無疑是在不知不覺之中）不希望這兩個論點截然二分，他可能樂於見到 II.27 的論點被人當成「增値」論點。事實上，洛克眞正的立場是 II.27 論點（如果成立的話）可以讓個人與特定物連繫起來。然而遺憾的是，他的說法無法成立。與此相對，「增値」論點雖然顯然能讓個人擁有誘因，卻未能讓個人與特定物連繫起來。因此，洛克無法建立起他想證明的東西：國家如果沒收或變更個人的財產，就等於侵害個人在國家成立之前就已經擁有的自然權利。

「勞動混合」的論點

在 II.27 的論證中，洛克一開始提出了這樣的假定：「每個人都對自己的身體擁有所有權，除了他本人以外，其他任何人都沒有這種權利。」或許洛克認爲，從人之所以爲人來看，我們可以「想成」我們擁有這種權利。又，或許洛克認爲，這種權利是以下列方式從基礎自然法推導出來的。每個正常人都會比別人更願意照顧自己。因此，如果人有權利照顧自己，他一定比別人照顧得更好。艾倫・萊恩指出（Ryan 1984, 31），如果我們對我們自己的身體擁有所有權，那麼表面上看來，這種說法會與洛克的觀點發生衝突，因爲洛克認爲我們是上帝所造，所以我們是上帝的所有物（II.6）。洛克的說法，比較精確地解釋，應該說我們是受了上帝的委託（或者說，上帝把我們的身體交給我們），而控制著我們的身體。但是，由於沒有其他「人」有權控制我們的身體（除非經過我們的同意，而且就算獲得同意，他人也只能在每段時間控制我們身體的某個面向），因此，就其他人的觀點來說，我們大可認爲我們擁有我們自己的身體。洛克的觀點也存在著矛盾（不過這與我們的主題無關），他一方面認爲人擁有自己的身體，另一方面又認爲人無權自殺（II.6）。

如果人擁有自己的身體，那麼人就有權利控制自己的行動，包括勞動在內。「身體的勞動，雙手的工作，我們可以說，這些都屬於人所有」（II.27）。一件「共有的」東西，如果「混合了」勞動，那麼人對於這件混合了自身勞動的東西就有了所有權。「所以，無論是什麼東西，只要他讓這件東西擺脫自然提供的狀態，並且混合了自己的勞動，他就在這件東西上注入了屬於自己的東西，因此也就使這件東西成爲自己的財產」（II.27）。可以看得出來，在這段論證中，洛克訴諸的是以下這個大前提：「就算你擁有的東西混合了仍屬於所有人共有的東西，你依然對這件共有的東西擁有所有權。」我們可以把共有物想成是無色的液體，當滴進一滴藍色水滴（勞動）時，藍色染料最終會擴散到整個液體，使其變成藍色。如果這個論點是成立的，那麼能對特定物擁有自然權利的人，當然是勞動者，而非其他人。勞動者可以排他地擁有特定物，不需要民法從中爲他創設物品的所有權。

II.27 論點的這個面向顯然令人無法接受，理由如下。

1.依照洛克的大前提，人類「擁有」的任何行動，一旦「混合了」某件共有物，必能使其取得該物的所有權。人類可以用各種方式在共有物上勞動，而這些勞動不一定具有生產性；舉例來說，繞著東西跳舞，把東西砸個粉碎，以及不得法的勞動方式，以至於最終未能生產出任何東西。但是，根據 II.27 的論點（這個論點來自基礎自然法），唯有在事物上投入勞動，使其更有助於人類生活，勞動者才能取得該物的所有權。因此，洛克在 II.27 的立場顯然與他在財產專章後段對財產權的辯護有矛盾。

2.姑且不論連不連貫，光看洛克 II.27 論點的大前提，就會發現其中充滿荒謬。根據洛克的觀點，你的體液在離開你的身體之前，仍是你的一部分（因此歸你所有）。但如果因此主張，你的體液離開你的身體，與共有地混合，則共有地就成爲你的土地，那麼這種說法就太荒謬了。你的眼淚滴在草地上，草地不可能因此成爲你的東西。諾齊克另外提出了一個非常相近的論點（Nozick 1974, 175），如果你把一罐番茄汁倒進海裡，番茄汁擴散到世界各大洋，那麼比較合理的說法應該是你愚蠢地浪費了一罐番茄汁，而不是你現在擁有了世界各大洋。洛克並未想到這類例子，因爲根據基礎自然法的論點，思考這種問題毫無意義可言。然而，這類例子確實屬於 II.27 論點涵蓋的範圍。

3.但無論如何，「混合」的觀念在這個脈絡下是不可理解的。我們可以理解相同種類的兩種事物可以混合起來，例如兩個液體，一個固體與一個液體。或許我也可以說，這兩個論點已經混合起來。但「勞動」無法與構成物品的物質混合。

回到連貫性的問題上，II.27 論點的主旨與洛克針對自然狀態下最初能獲得多少財產所立下的「但書」不相容：

(A) 在你能在共有物上建立個人的排他權利之前，「必須留下足夠的與同樣好的東西給其他人共同享用」。（II.27 也可見 II.33 與 II.34）。

另一個說法我之前曾經提過。

(B) 「一個人在一件東西腐壞之前，他能藉由勞動利用多少東西，就能擁有多少東西的財產權。」（II.31）

洛克如果要與 II.27 的論點連貫，他就不能接受這項但書。如果你混合自己的東西與共有的東西就能讓你在原先的共有物上建立自己的所有權，那麼就「無所謂」你是否留下足夠的與同樣好的東西給其他人共同享用的問題，也無所謂你是否將你的勞動與那些不使用就會毀壞的東西混合在一起的問題。因此，這些外在條件與你的勞動和其他物品混合之後形成的所有權擴散毫無關係。[4]

然而，這些但書存在的理由是很清楚的，重點是你是否要依據基礎自然法的觀點來詮釋個人私有財產權的分配問題。第一項但書是為了確保人類使用土地享用果實的「權利管道」未被已經取得共有地的人所「阻塞」。第二項但書的理由是如果你取得超過你使用能力之外的東西，其他人保存生命的機會可能遭到危害。那些東西應該交給其他人使用，而不是在你手中因爲沒有能力使用而腐壞。（不過，嚴格來說，如果東西無論如何都會腐壞，似乎沒有理由不去取得自己使用範圍以外的東西。或許洛克的意思是說，如果你眞的把你使用範圍以外的東西占爲已有，那麼對於那些可能浪費掉的東西，你並沒有「所有權」。因此，如果有人需要這些東西，他可以正當地拿走它，因爲這些東西依然是共有物。）洛克當初提出但書就是基於這些理由：「自然法透過這種方式賦予我們財產權，同時也對財產權設下限制」（II.31）。

此外，値得思考的是，「必須留下足夠的與同樣好的東西給其他人共同享用」的這項但書，是否容許有人基於 II.27 論點而正當地占有物品。根據洛克的說法，可以取用的自然事物可以分爲兩類：

1. 數量豐富，但對人類來說並非有用的原料，例如海水。
2. 數量豐富，但對人類來說是有用的，例如尼亞加拉河（Niagara river）的淡水。

顯然但書(A)適用的是2.而非1.：換言之，它只適用於對人類有用的東西。洛克的意思是說，如果你喝了一口尼亞加拉河的水，那麼在我看來，主張你剝奪了我喝水的權利是很荒謬的，因爲這條大河還有「足夠的與同樣好的水」供我飲用。

在尼亞加拉河的例子裡，任意取用是允許的，但在大多數相關的例子裡，一旦有人取用，是否「留下足夠的與同樣好的東西」則不無疑問。即使平原不斷地綿延伸展，而且每一寸土壤都同樣肥沃（而且還沒有人開始使用土地），那麼光從土地與聚落的遠近來看，也能評斷土地的等級。洛克完全只想到生存所需的資源，而沒有考慮到土地距離自己居住的地方過於遙遠所產生的種種不利。然而，即使從生存的觀點來看，住在能獲得定居文明社會幫助的地方還是比較好的。考慮但書時，我們也要考慮未來的人。在遙遠的過去，當人類開始占取無主地時（我們暫且不論原住民提出的主張），當時的無主地肯定比現在來得多。當你思考自己是否「留下足夠的與同樣好的東西給其他人共同享用」時，你是否必須考慮到未來的人？如果你把這點列入考慮，那麼，在一個人口急速增加的世界裡，是否還有任何重要的例子可以滿足但書的規定？我們是否能早一步阻止所有的正當占用？

傑瑞米・沃德倫（Jeremy Waldron）（Waldron 1988, 209-28）反對洛克提出的但書把正當占用與「留下足夠的與同樣好的東西給其他人共同享用」連結在一起。根據沃德倫的看法，唯一嚴格的限制是人們占用的東西不應該在成爲某人所有的狀態下毫無使用地任其腐壞。這種說法不僅適用於土地，也適用於土地生產之物。人類必須能在土地與土地的產物腐壞之前使用它們。沃德倫認爲「足夠的與同樣好的」不能算是眞正的但書，最重要的理由是，如果「足夠的與同樣好的」能算是但書，那麼就會與基礎自然法產生牴觸。如果原本就沒有足夠的土地供所有人占用，那麼這項但書將阻止任何人正當地占用土地，如此一來，就沒有人能滿足需求。這有違基礎自然法。即使因爲占用而使某些人無法使用土地，但占用與改良所有土地的結果，卻能養活更多的人，那麼這麼做似乎就沒有但書適用的餘地。至於那些無法藉由使用土地來滿足需求的人，可以爲那些已經有土地的人工作，或者最糟的狀況，成爲貧民，接受衆人的救濟。

我們可以相當合理地表示，如果「足夠的與同樣好的」條件被詮釋成但書，那麼這項但書就會與基礎自然法產生牴觸。我們也可以合理地認爲，洛克的基本關切——源自於基礎自然法——在於，關於財產的安排應該讓每個人都有生存的機會，最好是能讓他們透過自己的生產勞動來維持生活，這點西蒙斯也曾提過（1992, 293）。然而，洛克顯然關心的是他人已經占有土地，所以有人無土可用的狀況。洛克在《政府論第二篇》的第二十七、三十三、三十四、三十五與三十六節中表達了他的關切。他對這件事的關注，可以說再強調也不爲過。他承認，沒有土地供人使用，已足以構成請願控訴的理由。洛克的主張也是合理的，因爲即使人可以經由其他方式來滿足需求，但與有土地的人相比，沒有土地的人顯然處於不利的地位。從其他角度來看，根據洛克的說法，在自然狀態下，每個人的權利相等，但在經濟領域則處於獨斷的不平等。（不過，這不是表示洛克認爲他的財產權理論暗示這種財產不平等是不公正的。）

洛克事實上的確提出明確的論點，認爲個人有可能從上帝給予的共有物中取得占有。

當一個人撿起橡樹下的橡實，或在樹林裡採摘樹上的蘋果食用時，他當然是把這些東西據爲己有。誰都不能否認他吃下的食物就是他的。於是我問，這些東西是什麼時候開始變成他的？在他消化的時候嗎？還是在吃的時候？還是在煮的時候？還是把它們帶回家的時候？還是在撿起它們的時候？事情很明顯，如果他一開始採摘時東西還不是他的，那麼接下來就沒

有任何情況能使這些東西變成他的。勞動使這些東西與共有物分別開來。（II.28）

然而，這個論點顯然無法成立，因爲就一個人已經將東西消化了來說，我們無法說明這件東西已經變成他的，因爲這種做法並不能說明財產權，因此他不一定擁有這件東西。如果他吃的東西是他偷來的，那麼他當然沒有權利。所以，即使他消化了他採摘的蘋果，蘋果依然有可能是他偷來的，在這種狀況下，蘋果仍屬於全人類共有。

洛克在 **II.32** 提出更深入而且不同的個人私有財產權論點：「上帝在把世界賜給全人類共有的時候，也命令人們要勞動……上帝與人的理性命令人開墾土地，亦即，爲了人類生活的便利而改良土地。」（也可見 **II.34** 與 **II.35**）。勞動混合論點所說的不外乎如果你選擇在無人占有的土地上勞動，那麼你就擁有了這塊土地。這個新論點暗示，在土地上勞動是遵守上帝誡命的表現，而這樣的行爲也符合理性。這種思考可以激勵人們勞動，不這樣的話，他們可能不願意這麼做。然而，要創設個人的私有財產權，還是需要勞動產生財產權的論點，也就是透過 **II.27** 論點所描述的過程。光是遵守上帝誡命從事勞動，本身無法產生個人的私有財產權。遵守上帝誡命「確實」需要使用原料來工作，因此需要使用土地與果實，而這麼做不需要全人類的同意。然而，這種論點符合的應該是合作性質的勞動，由團體共同進行，產生的因此是共同體財產而非個人財產。

洛克在 **II.34** 進一步提出了自然的財產權。

上帝把世界賜給人類共同享用……祂把世界賜給勤勞、理性的人使用（透過勞動取得土地權利），而不是給那些喜愛吵鬧紛爭的人滿足幻想與貪念。一個人只要擁有與那些已經被占用的一樣好的東西可以使用，他就沒有理由抱怨，也不能插手另一個人已經用勞動改良過的東西。如果他這麼做，那麼他顯然是想占有他人的勞動成果。他根本沒有權利這麼做，而他也不能占有上帝賜給他與其他人共同耕種的土地，因為除了那些已經被占用的土地之外，還留下許多同樣好的土地，甚至多到他不知道如何使用，就算他再勤勞也無法耕種到那些土地。

事實上，在這段話裡至少可以找到兩個論點。第一個論點是指責那些對於勞動者主張的財產權表示反對的人。洛克說過，請願者可以在無主物上建立財產權，只要他不違反但書，而且準備好要從事勞動。洛克唯一反對的是人想藉由可疑的動機而取得財產權：亦即，對他人的勞動成果欣羨垂涎。但洛克的論點顯然有誤。誠然，請願者有可能只是想取得他人辛苦生產的東西。然而，我們沒有理由接受這種針對無價值動機而做的責難。請願者也有可能只是指出勞動者事實上尚未擁有私有財產權。洛克只是假定自然的私有財產權已經確實建立，凡是反對這項權利的人完全是出於可疑的動機。

但是，這段文字也可以有另一種解讀，而這種解讀要比前一種論點有趣一些。討論財產權至今，我們認為，如果洛克想為自然的財產權辯護，那麼他必須提供正面的理由來主張財產權存在。但在我們討論的這段文字裡，我們也許可以認為，洛克只是試圖說明，一個人以適當的方式勞動，使用他的勞動所得，並將其當成自己的私有財產，這麼做「沒什麼不對」。稍微換個方式來說——如果某人以適當的方式勞動，使用他的勞動所得，彷彿那是他的私有財產一樣，我們有理由說他不應該這麼做嗎？

我們找不到理由說某人爲什麼不能那麼做，這似乎可以做爲某人可以從事某事的權利依據。你有權利站在沙灘上看日落，因爲你這麼做「沒什麼不對」。然而以這種方式主張的權利並非「排他」權利。擁有這種權利並無法讓權利人對他人提出任何主張。任何人都有權利站在沙灘上看日落。但財產權一旦成立，權利人就能對所有人提出權利主張。因此，我們懷疑「找不到理由說不行」的取向是否能用來證明財產權存在。

同意的財產權

對目前爲止，洛克的說法一直被詮釋成是根據以下意義來創設自然的私有財產權。人類在建立市民社會之前，很可能已經擁有特定事物的私有財產權。特定市民社會在制定實定法時，會針對擁有財產的條件訂定一些條件，雖然這些條件因市民社會不同而異，但實際上最早決定某些物品是否屬於某人所有並非法律條文所能規定。這個論點正是 II.27 的主旨。這個論點也成爲洛克最堅強的理論基礎，他可以根據這個論點來支持他實際上想護衛的立場：國家，尤其是君主，沒有權利任意變更個人擁有的財產。然而，往後在論財產專章中，洛克似乎放棄這個立場，轉而採取比較溫和的觀點。雖然可以取得財產的條件更動了，但改變的根據並非出於獨斷，而是以「同意」爲基礎。接下來我將追溯洛克走向此一立場的過程。

洛克到目前爲止提出的例證，有充足的土地（相對於人口）讓「足夠的與同樣好的」但書獲得滿足。然而，當但書無法獲得滿足時，洛克能採取什麼立場？如果在正當程序下，幾乎所有土地都被某人所擁有，在這種情況下，承認個人的私有財產權將使往後世代無法使用土地與享用果實，這將違反基礎自然法。洛克（相當不情願地）坦承，這種情況已經在世上有人定居的地方出現。不過他堅稱（在他的時代）還有其他地方可以滿足但書，例如北美的內陸地區。（原住民雖然占了土地，卻不被認爲已經建立了財產權。）那麼，在這個嶄新而較受限制的環境裡，基礎自然法的需求如何才能獲得滿足？

就洛克提出的理論來看，有兩個方式可以滿足基礎自然法的需求。

1. 無法使用土地與享用果實的人，可以出賣自己的勞動力給地主，並以此爲生。
2. 如果他們無法工作，則他們有權要求地主提供剩餘讓他們存活。

但是，這兩個建議存在著一個問題，那就是它們假定那些無法使用土地與享用果實的人，都處於權利（或者是在他們之前的人的權利）並未受到侵害的狀態。但令人不解的是，這種狀態是怎麼產生的。至少有些地主一定是違反了「足夠的與同樣好的」但書才能成爲地主。

洛克的解答是，當市民社會組成，適當的財產安排是藉由「同意」達成。這些安排要不是允許每個人都能滿意地使用大地與享用果實，就是藉由發明金錢來提供其他令人滿意的選擇。

> 因此，在最初，無論在哪裡，凡是願意在共有地——長期以來一直是如此，而且大部分地區仍處於共有狀態——以及超越人類利用範圍的地方從事勞動的人，勞動都將賦予他們財產權。最初，大多數人都滿足於自然提供給他們的未經任何加工的必需品；之後，世界上部分地區（隨著人口與牲畜的增加和貨幣的使用，土地變得稀少了，一些有價值的物品也不易取得）的共同體轉而開始劃定自己的領域，內部通過法律來管制社會的私人財產，並且透過契約與協定來確立勞動與勤奮創設的財產權。（II.45）

洛克似乎認爲，當「足夠的與同樣好的」但書無法獲得滿足時，就是市民社會開始的時候。而當「足夠的與同樣好的」但書無法獲得滿足的時候，想挽救洛克的理論，就必須仰賴「契約與協定」。

之前（在第二章的「政府的設立」一節中），我曾區別契約同意與態度同意。這兩種同意都與現在這個例子有關。以契約同意來說，財產方面的決定交由社會裡適當的政治機構來處理。市民社會的代表往往會立刻同意（亦即，大多數代表會投票支持）財產方面的提案。但是，代表的同意只有在民衆（態度上）同意繼續委託代表與機構時，才能視爲民衆的同意。如果大多數民衆「確實」（態度上）同意，那麼就視爲每個民衆都同意。洛克認爲這表示每個民衆都已默示同意——因爲民衆已訂定了原初契約——接受多數決的拘束。

一般認為，洛克是以我先前說的「第二種理解」[5]來思索自然的財產權。也就是說，特定的個人不需要考慮既有社會慣例或實定法，就能建立特定事物的財產權。這使得洛克市民社會裡的自然財產權的觀點，近似於他自然的自我擁有權利觀點。在自然狀態中，你擁有你自己，你有控制你自己的自然權利。在市民社會裡，你對同樣的事物當然也擁有同樣的權利。國家的角色是保障這些權利，在某些面向上更清楚地界定這些權利：舉例來說，你有免於遭受攻擊的權利，但「攻擊」明確來說究竟是什麼？但國家沒有權力實質地變更這些權利的內容。

有些人認為，這種理解可以適用在洛克的自然財產權概念上。如果民眾從自然狀態進入到市民社會之前，已經擁有特定事物的財產權，那麼國家應該釐清與執行所有人的權利，而非實質地重新安排財產權。然而，根據我們引用的 II.45，與接下來要引用的 II.30，這種詮釋似乎不是洛克的本意。「在人類中被認為是文明人的那些人，已經制定而且增訂了一些實定法來確定財產權，但最初的自然法依然有用，它規定了在原來的共有狀態中如何產生財產權。」國家因為獲得民眾的同意，因此能重新安排財產權利，但「不會」重新安排個人擁有自我的權利。「因為在政府裡，法律規定了財產權，而土地的擁有則由實定的憲法來決定」（II.50）。

若是如此，我們該如何詮釋洛克的主張：市民社會的主要目的是保障民眾的財產權。當洛克說，在市民社會裡，民眾對自己的財產擁有自然權利，我認為洛克指的不是民眾必然能保留從自然狀態時即已擁有的自然權利。洛克的意思應該是，在市民社會裡，財產關係應該由某些「一般原則」來決定，即使其中的細節安排因市民社會不同而異。這些一般原則必須遵守自然法，而其內容如下：

1. 財產關係必須加以安排，以提供好的誘因讓人勤勉勞動與生產維繫人類生命所必要的物品。
2. 財產關係必須加以安排，讓四肢健全的人都能靠自己的勤勉爲生。
3. 財產關係必須加以安排，讓無法自立的人能向其他能支持他們的人提出適當的權利主張。因此，並非出於自己的過失而陷入匱乏的人，可以主張他們有權利取得富人剩餘的物品，而孩子在自立之前，有權利要求父母撫養他們。

假如這些條件獲得滿足，那麼實定法中重新安排的財產權將能以這種方式與民衆同意相符。民衆在自然狀態中對特定事物擁有的權利，不必然能帶進市民社會：這些權利只是「暫時的」權利。

結論

洛克的財產專章試圖說明，國家的正當權力對於財產權的干預是有限的。國家基於尊重自然權利，不可能處分一切形式的私有財產權，因爲自然法要求必須要有某種私有財產權體系存在。進一步言，自然狀態下的人類，依據自然法，早就擁有特定事物的財產權。從自然狀態進入到市民社會，這些市民權利當然必須予以尊重。然而，洛克一直未能提出令人滿意的說法——即使運用他自己的理論——來說明個人如何擁有特定事物的自然財產權利。因此，他的努力失敗了，最後他不得不接受一部分的傳統觀點來解釋個人如何擁有特定事物的財產權。而結果出乎洛克意料之外，國家竟因此擁有廣泛的干預權利來管制私人財產。洛克讓步的結果，反而使國家有權變更民衆的財產慣例。儘管如此，洛克還是堅持國家行使這種權利時必須獲得大多數民衆的同意。這個經過調整後的立場，依然足以保障有產者免於查理二世的威脅。

在結束本章之前，我們要整體地說明洛克如何成功建立自然的私有財產權。

在某些條件下，我們有充分的理由說，如果有人在先前無人擁有的東西上勞動，那麼他對勞動產生的事物擁有自然的財產權。舉例來說，如果有一名澳洲原住民藝術家在樹皮上作畫，樹皮的數量豐富，隨處可得。作畫使用的是自然的顏料。大多數人會認爲，如果沒有其他特別原因（例如之前已經與人訂約），那麼這幅完成的作品理當屬於創作者的財產。如果有人想把畫占爲己有，或者，如果有人立即宣布這幅畫屬於原住民信託的財產（未得到原創作者的同意），我們認爲這麼做違反了自然正義。一般通行的財產權慣例，必須合乎我們的直覺才行，至少從整體來看是如此。

然而，這項主張無法讓我們建立放之四海皆準的自然權利說法。不是因爲我們從例子中獲得的直覺令人生疑，而是因爲我們列舉的那些能產生直覺的條件是非典型的，因此不能做爲自然財產權成立的一般理由。這些非典型的條件如下：

1.幾乎所有增添到原初原料的價值都是藉由某個個人的努力而產生的。與此相對，現代生產過程往往涉及無數人的勞動，不只是直接生產者，還有生產機器的製造商、原料供應商，以及運輸與物流業者等等。
2.例子裡的「生產過程」並非資本密集的生產過程。也就是說，投資的資本並未對生產出來的事物做出巨大貢獻，也未加快生產過程。
3.在例子裡，與生產的物品價值相比，加工的物品價值相當微小，可加以忽略，但這並非絕大多數生產過程的常態。
4.在例子裡，生產的物品價值，與生產者花費的努力相比並不龐大。如果一幅花一小時完成的樹皮畫作可以賣一百萬美元，我們不認爲畫家可以對這一百萬美元主張自然權利。對收入課徵重稅，符合我們對生產者權利的直覺。相信世上存在著自然的財產權與應該徵稅，兩種想法並不衝突，尤其當生產的價值遠大於生產耗費的努力時更是如此。

想更透澈地了解自然的財產權，那麼一開始最好先了解實際的社會與法律慣例如何描述財產權概念。當我們提到存在著自然的財產權時，可能會被解讀成我們支持以下的主張。基於理性支持的原則，一些現實存在的慣例很可能受到這些理性原則的批判，並且被要求必須符合這些理性原則。因此，財產權的合理性不是來自於既有的社會慣例，也不是來自於政治權威的要求。（這種「理性原則」的一個例子是，控制物質事物的權利，應該加以安排以鼓勵有用的生產。）當這些理性原則適用到既有的慣例時，自然財產權的辯護者會說，自然權利總是支持

（或幾乎總是支持，除非是遇到最罕見的狀況）能壓倒性贊成個人私有財產權的例證。私有財產權應該在一切社會慣例裡占有重要地位。根據這樣的說法，我們可以主張自然的財產權已經存在於世上，個人不需要訴諸慣例，也不需要建立對特定事物的財產權。

洛克認爲，財產權不需要依據慣例或政治權威來加以全盤安排，他的想法無疑是正確的。最高主權者無法任意決定財產權的內容。但洛克討論自然財產權的建立時，他的思考方式有誤。洛克認爲個人毋需援引慣例也能建立財產權，這種說法是多餘的。他只需說明，慣例應遵守理性原則，而理性原則的適用幾乎總會賦予個人私有財產權非常重要的地位。

第五章　結語：洛克的遺產

洛克是保守的革命者

有時候，有人會這麼認爲，洛克在性格上存在著激進與保守兩個截然二分的傾向。在本書中，洛克被呈現成革命者的模樣，但無疑地，他的思想也存在著保守因子。他早期的作品《關於政府的兩篇論文》（Locke 1967）是保守的與專制的。而光憑洛克與夏夫茨伯里合作，這種政治效忠的轉變，也無法完全解釋他作品中的保守與激進元素。在光榮革命之後，洛克成爲「體制」內的一員，並且成爲貿易委員會委員。他在《僱用窮人辦法芻議》（*Draft of a Representation Containing a Scheme of Methods for the Employment of the Poor*, Locke 1993, 446-61）中，也對窮人百般刁難。另一方面，《政府論》兩篇在出版時，無疑居於政治光譜的左方（Ashcraft 1986, 572）。「光榮革命」的領袖並不急於提出理由來正當化自己的行爲，舉例來說，他們並不打算以洛克的學說做爲自己的行動依據，因爲洛克的立場似乎暗示政治權力最終來自於民眾。洛克不僅從思想層面提出激進的理念，他的人生有大半的時間也實際參與政治活動。他很可能曾經參與夏夫茨伯里的革命陰謀（Ashcraft 1986, 86-7）。政府因此懷疑洛克從事顛覆活動，而洛克也因爲自己的政治信念被迫流亡荷蘭數年。

防衛的革命與激進的革命

我們不需要假設洛克擁有分裂的政治人格，也能解釋這些明顯的衝突。洛克的性格終其一生都是相當保守的。如果我們未能注意到，洛克不一定是基於激進的立場，而可能是基於保守的立場而主張革命，那麼我們當然會認爲他的想法有矛盾。我所謂的「防衛的革命者」（defensive revolutionaries），他們會致力於維護某種政治與社會制度，因爲他們相信這些制度適合他們的社會，也是社會的傳統。他們可能認爲這些制度正面臨威脅，也可能認爲這些制度即將被一些懷有敵意的政治力量掃除。舉例來說，納粹占領區的法國抵抗運動就是一種防衛的革命。他們面對外國政治力量的接管，試圖建立自主的前法國體制。如果在德國發生反希特勒的民主暴動，試圖重建自由主義的德意志共和國，那麼這種暴動就是一種防衛的革命。

洛克是在這層意義下起而支持革命。洛克發現，英格蘭社會的傳統政治結構，正面臨查理二世與詹姆斯二世的政策威脅。有限君主制可能會被以路易十四爲典範的絕對君主制所取代。而這將進一步威脅議會的獨立地位。英格蘭的國家獨立正遭受法國霸權的威脅。英格蘭新教可能因天主教再起而受到迫害。當洛克支持叛亂，反對查理二世與詹姆斯二世政府的統治，並且爲這樣的行爲尋找正當化的理由時，他並不認爲自己試圖改變英格蘭的政治、宗教或社會制度。相反地，他其實是想「防止」既有的制度性格遭到改變。洛克認爲斯圖亞特王朝企圖變更傳統，破壞既有的秩序。這種想法清楚表現在 II.226：

當立法者違背人民的託付，侵害他們的財產時，人民有權力建立新的立法機構，以重新保障自己的安全。這種學說是防範叛亂的最佳屏障，也是阻止叛亂的最好手段。因爲叛亂不是反對個人，而是反對建立在政府的憲法與法律基礎之上的權威。無論是誰，只要以武力破壞法律，以武力來爲自己的違法行徑辯護，就是眞正的叛亂者。因爲民眾組織社會與組成公民政府時就已經排除了武力，而以法律來保護自己的財產、和平與統一。此時，凡是違背法律重新使用武力，亦即，凡是再度造成戰爭狀態的人，這些人就是眞正的叛亂者。掌權者（他們以權威做爲自己的託辭，禁不住想使用自己握有的武力，再加上旁人的阿諛諂媚）是最有可能做出這種事的人。想阻止這樣的邪惡發生，最適當的方法就是向最容易受到誘惑的當權者顯示，使用武力是充滿危險而且不義的。

事實上，當然，「光榮革命」不只是恢復現狀而已。它也額外開啓了對君主制的立憲約束，而且擴大了議會的權力。但洛克原意並不是要進行大幅度的立憲變革，他也不打算重新打造英格蘭的傳統政治結構。

激進革命

革命活動不一定是爲維護現狀，或者是維護直到最近爲止一直是現狀的事物。革命的意圖更常是爲了除掉革命者認爲的無可容忍的政治（或政治與社會）結構。現存的結構被視爲是不義的、腐敗的、無效率的、暴虐的或邪惡的。革命是爲了摧毀舊現狀，並且根據可接受的原則來重建政治社會。這些可接受的原則包括：正義、自由、民主、博愛、效率或平等。革命宗旨不在於回歸傳統狀態，而是重建社會；或許會建立過去從未有過的社會形式。一七八九年的法國大革命與一九一七年的布爾什維克革命的目標就是如此。一六四〇年代的英格蘭革命也帶有這種精神，舉例來說，這種精神表現在水平派（Levellers）在普特尼辯論（Putney debates）中提出的觀點。但一六八八年革命時，這種精神已蕩然無存。

我剛剛描述了激進革命者的立場。馬克思主義當然是激進革命理論的典範。要判斷一場革命是防衛的還是激進的並不容易。我們可以想想波羅的海三小國（拉脫維亞、立陶宛、愛沙尼亞）在一九八〇年代晚期爲了擺脫蘇維埃體系所做的努力。從史達林時代以來，蘇維埃權力就居於主流，我們或許可以說，蘇維埃體系在三小國是一種既有的政治體系。因此，在三小國發生的革命活動是激進的。但是，我們如果從更長遠的歷史角度來思考，那麼我們也可以說，這些革命是防衛的：我們或許可以說，三小國企圖重建早在二次大戰前就已經存在的自主的非社會主義政治體系。然而，革命者無論再怎麼激進，幾乎還是會傾向於以防衛做爲革命的理由。

打著「恢復古代自由」的旗號，總是予人於理有據的印象，英格蘭內戰就是一個例子。

洛克對國內外的影響

洛克留給他國家的直接遺產，是他對於自己身為防衛革命者的性格與投入所做的反思。但在英格蘭以外，洛克的觀念卻創造出激進的自由民主共和主義傳統。這個傳統後來分化成美國與歐陸兩個分支，但這兩個分支都主張政治平等、反對貴族特權、主張共和政治制度（帶有強烈的民主傾向）與平等權利與自由，包括保證宗教寬容。雖然這個傳統對於社會與經濟平等帶有一定同情，但與平等主義仍有一段距離。這個傳統在洛克思想的推波助瀾下，產生了激進革命的典範：一七八九年的法國大革命與美國獨立戰爭。[1]

但是，正如我們在政治意識形態史經常看到的，洛克在國外培養出來的傳統，與我們在《政府論第二篇》實際發現的立場，兩者之間存在著些許差異。無疑地，洛克認為，共和政府必須根據基本的政治原則才能獲得接受。但這些原則不一定以共和主義為「必要」。就連洛克心裡想的，以他提出的政治原則為基礎的共和國，也並非必要之物；說得更清楚一點，光靠英格蘭君主制以及上下兩院制就足以滿足這些基本的政治原則（II.213）。一個由貴族構成且權力受限的君主制是可接受的。誠然，洛克要求寬容，而且提倡我們今日所知的各項自由權利，但對他來說，這些權利不一定要與共和政治制度連結在一起。當然，洛克的確認為政治機構必須向人民負責。我們或許可以大膽地說，這個觀念是洛克創造的。但洛克最後只讓這方面的制度說明停留在萌芽階段，這些制度的發展與發揚光大，要留待十八世紀的激進共和傳統來完成。

時至今日，對於激進共和傳統感到同情的人，仍可發現英國政治制度在幾個面向上是有缺陷的。而這些缺陷正反映了洛克自身的觀點與他在海外開創的傳統之間的差異。我們可以列出這些有缺陷的面向：政治體系只有一部分是民主的或者說是有限民主，因此並非完全對民眾負責；仍帶有貴族氣味，貴族仍擁有某種政治的影響力，加上存在著一部分非共和的政治機構；缺乏完整明文的憲法，未詳列公民的權利，因此未能充分表現這些權利的內涵。社會與經濟階級的差異，某種程度來說甚至被制度化，這種做法不僅悖反激進共和主義，也無法充分支持經濟與社會的平等主義。從這幾個角度批評英國當前的制度時，我們可以用洛克來批評洛克自己：在海外洛克的「普世」觀點來看，在英格蘭的洛克實在太「小鼻子小眼睛」。

註釋

第一章 導論

【1】洛克否認他是這本小冊子的作者。見 J. W. Gough, 'The Development of Lock' s Belief in Toleration', in Horton and Mendus 1991, 76n.

第二章 社會契約與國家

【1】這段洛克論點的陳述來自於 Jo Wolff。

【2】關於這些議題，更深入的討論見 Simmons 1979, Chapter VII, Walker 1988, 1989 and Klosko 1989.

第四章 財產

【1】從文字風格也可證明，第五章是另外獨立撰寫的，根據 J. R. Milton 未出版的論文 *Dating Locke's Second Treatise*。感謝他讓我閱讀他的文章。也可見 Ashcraft 1986, 251n., 463.

【2】艾什克拉夫特認爲（Ashcraft 1986, 251），對於托利黨的抨擊，輝格黨相當認眞的提出辯護。托利黨主張，如果你認爲人皆平等，每個人都擁有相同的自然權利，那麼同樣的，你必須試圖讓每個人的財產都均平才是。

【3】Becker 追隨 Honoré 的說法。關於 Honoré 的說法，見 Waldron 1988, 49ff.

【4】感謝 G. A. Cohen 提供這個觀點，他在一篇尚未出版的財產論文中提到這一點。

【5】譯註：見本章第一節。

第五章　結語：洛克的遺產

【1】Laslett 在《政府論》（Locke 1988, 14）的導論中指出，洛克的觀念對美國革命分子的影響程度遭到誇大。

中英名詞對照

A

John Simmons　A・約翰・西蒙斯

Alan Ryan　艾倫・萊恩

Algernon Sydney　阿傑農・席德尼

An Essay Concerning Toleration　《論寬容》

Anne Lloyd Thomas　安・洛伊德・湯姆斯

Anthony Ashley Cooper　安東尼・阿什利・庫伯

Anton Menger　安頓・門格

B

Becker　貝克

Bill Hart　比爾・哈特

Board of Trade　貿易委員會

C

Charles II　查理二世

Cleves　克雷夫

Cranston　克蘭斯頓

Mrs Core Aquino　柯拉蓉・艾奎諾

D

Damaris Cudworth　達瑪莉絲・克德沃斯

David Hume　大衛・休謨

defensive revolutionaries　防衛的革命者

derivative　派生的

Diggers　掘地派

Draft of a Representation Containing a Scheme of Methods for the Employment of the Poor　《僱用窮人辦法芻議》

M

Marcos 馬可仕

Montpellier 蒙佩利耶

N

Niagara river 尼亞加拉河

O

Of the Original Contract 《論原初契約》

On the Edge of Anarchy 《論瀕臨無政府的狀態》

P

Patriarcha 《父權論》

Pensford 潘斯福德

Pol Pot 波布

Putney debates 普特尼辯論

R

Ralph Cudworth 拉夫・克德沃斯

Richard Ashcraft 理查・艾什克拉夫特

Robert Boyle 羅伯特・波義耳

Robert Nozick 羅伯特・諾齊克

Rule-consequentialism 規則結果論

Rule-utilitarianism 規則效益主義

Ruth Grant 露絲・格蘭特

S

Second Treatise of Government 《政府論第二篇》

Sir Francis 法蘭西斯爵士

Sir Robert Filmer 羅伯特・費爾莫爵士

Somerset 索美塞特郡

T

The Lockean Theory of Rights 《洛克的權利理論》

© 1995 D.A.Lloyd Thomas
All rights reserved.
Authorised translation from the English language edition published by Routledge, a member of the Taylor & Francis Group".
本書原版由Taylor & Francis出版集團旗下 Routledge出版公司出版，並經其授權翻譯出版，版權所有，翻印必究。

Wu-Nan Book Inc. is authorized to publish and distribute exclusively the Chinese (Complex Characters) language edition. This edition is authorized for sale throughout the World. No part of the publication may be reproduced or distributed by any means, or stored in a database or retrieval system, without the prior written permission of the publisher.
本書繁體中文版由五南圖書出版股份有限公司獨家出版發行，未經出版者書面許可，不得以任何方式印製或販售本書的任何部分。

Copies of this book sold without a Taylor & Francis sticker on the cover are unauthorized and illegal.
本書封面貼有Taylor & Francis公司防偽標籤，無標籤者不得銷售。

經典哲學名著導讀 012

1BAT

洛克與《政府論》

Routledge Philosophy Guidebook to Locke on Government

作者　D. A. 洛伊德・湯瑪斯（David Lloyd Thomas）
譯者　黃煜文
發行人　楊榮川
總編輯　王翠華
主編　陳姿穎
責任編輯　邱紫綾
封面設計　童安安
出 版 者　五南圖書出版股份有限公司
地址：106台北市大安區和平東路二段339號4樓
電話：(02)2705-5066
傳真：(02)2706-6100
網址：http://www.wunan.com.tw
電子郵件：wunan@wunan.com.tw
劃撥帳號：01068953
法律顧問　林勝安律師事務所　林勝安律師
出版日期　2015年3月初版一刷
定價　新臺幣220元

◎版權所有・翻印必究

國家圖書館出版品預行編目資料

洛克與《政府論》 / D. A. 洛伊德.湯瑪斯(David Lloyd Thomas)著 ; 黃煜文譯. --初版. --臺北市：五南, 2015.4
面； 公分.--(經典哲學名著導讀；12)
譯自 : Routledge philosophy guidebook to Locke on government
ISBN 978-957-11-8078-6(平裝)

1.洛克(Locke, John, 1632-1704) 2.學術思想 3.政治思想

5709406　　104004612